Michael Laitman

Die verborgene Weisheit der Kabbala

Titel der englischen Originalausgabe:
A Guide to the Hidden Wisdom of Kabbalah

© 2008 by Michael Laitman
Bnei Baruch/Laitman Kabbalah Publishers

Michael Laitman
Die verborgene Weisheit der Kabbala

ISBN 978-3-89901-433-4

Cover Design: Morian & Bayer-Eynck
Layout: Kerstin Fiebig · ad department Werbeagentur
Lektorin: Dr. Elisabeth Prelog-Igler
Druck: KN Digital Printforce GmbH, Stuttgart

© Edition Laitman in J. Kamphausen Verlag, Bielefeld 2011
info@j-kamphausen.de | www.weltinnenraum.de

Übersetzung aus dem Englischen:
Dr. Elisabeth Prelog-Igler, Miriam Grossmann, Barbara Eckhart, Oskar Speth,
Günter Ständecke, Jürgen Ebert, Herta Luttenberger, Esther Barsley

Bibliografische Information der Deutschen Nationalbibliothek
Die Deutsche Nationalbibliothek verzeichnet diese Publikation
in der Deutschen Nationalbibliografie; detaillierte bibliografische Daten
sind im Internet über http://dnb.d-nb.de abrufbar.

Michael Laitman

Die verborgene Weisheit der Kabbala

Viele Jahrhunderte lang war die Kabbala ein aus dem Alltag verbanntes Thema. In der Vergangenheit musste man folgende Vorbedingungen erfüllen, um ein Kabbalastudent werden zu können: jüdisch, männlich, verheiratet, über 40 Jahre alt und bewandert in anderen jüdischen Disziplinen. Wie kommt es also, dass die Kabbala nun öffentlich gelehrt und überall studiert wird? Nun ja, der Bann wurde aufgehoben.

Kabbalisten wie Rav Yehuda Ashlag, der Gaon von Vilna (GRA) und viele andere berühmte Kabbalisten erklärten, dass das Ende des 20. Jahrhunderts einen fundamentalen Wechsel in der Geschichte der Kabbala markieren werde. Dies ist tatsächlich eingetroffen und die Kabbala ist nun offen für alle.

Wir werden zeigen, dass das Verbot einen bestimmten Grund hatte. Und aus exakt demselben Grund wurde es nun aufgehoben. Die Menschheit des 21. Jahrhunderts ist nun reif für die Kabbala – jene lang erprobte Wissenschaft und empirische Methode, um Spiritualität noch zu Lebzeiten zu erreichen.

Das Kabbalastudium ist eine faszinierende Reise. Sie verändert Ihre Perspektive auf die Welt und Ihre Umgebung. Sie öffnet Bereiche in Ihnen, von deren Existenz Sie bisher keine Ahnung hatten. Es ist eine Reise voll innerer Entdeckungen, die alle Ebenen des Lebens berührt: Ihre Beziehungen zu Verwandten, Freunden und Mitarbeitern und der Welt an sich.

Die Kabbala erklärt auf sehr einfache Weise, dass Sie ohne Umwege Ihren inneren Kompass finden können, sobald Sie wissen, wie Sie eine direkte Verbindung zum Schöpfer bekommen. Das Ziel der Kabbala ist, Sie darin zu unterstützen und zu einer direkten Verbindungsaufnahme mit dem allumfassenden Höheren Gesetz zu ermutigen. Wenn Sie dies befolgen, werden Sie keine zusätzliche Anleitung benötigen. So heißen wir Sie zur „Reise in die verborgene Weisheit der Kabbala" herzlich willkommen.

Was Sie in diesem Buch finden werden

Das Buch besteht aus drei Teilen und einem dreiteiligen Anhang. Wir präsentieren Ihnen die Kabbala als eine Wissenschaft, die die Gesetze der spirituellen Welt beschreibt. In Teil 1 „Kabbala – Fakten und Irrtümer" werden wir die grundlegenden Prinzipien der Kabbala erörtern und Ihnen die Hintergründe aufzeigen, wie alles begann.

In Teil 2 „Bevor es Zeit gab" werden wir unsere spirituelle Reise fortsetzen, die mit dem Auftauchen der Kabbala in der Welt beginnt, und erklären, wie wir geschaffen wurden, was wir hier zu tun haben und auf welche Weise und ab wann wir unseren Aufstieg in die Höhere Welt beginnen. Wir werden über die Erschaffung der Welt sprechen, in welchen Punkten die Kabbala die Schwächen unserer heutigen Gesellschaft sieht und was wir tun müssen, um diese Schwächen auszugleichen. Ebenso werden Sie erfahren, wie Sie ein Kabbalastudent werden und das erworbene Wissen im Alltag zu Ihrem Nutzen anwenden können. Sie lernen, was einen „richtigen Lehrer" ausmacht, wie Sie Bücher und Internet für das Kabbalastudium nutzen können und welche Rolle die Musik in Ihrem spirituellen Fortschritt spielt. Die Kabbala hat einen direkten Bezug zum Zustand der heutigen Welt.

In Teil 3 „Kabbala heute" werden wir die Sichtweise der Kabbala auf die globale Krise untersuchen und Wege zu ihrer Lösung diskutieren. Wir werden kurz darstellen, wie die Kabbala Ihre Zukunft beeinflussen wird.

Sie werden zudem einen hilfreichen Anhang finden, der Ihre Reise zusätzlich bereichert und Ihnen die richtige Richtung gibt, sollten Sie mehr über die Kabbala erfahren wollen. Der Anhang beinhaltet ein Glossar, eine Liste von zusätzlichen Quellen und Informationen über die Organisation Bnei Baruch.

Es gibt außerdem fünf Arten von Randnotizen zur Unterhaltung und zum Lernen

Wissenswertes: Wussten Sie, dass vor 1980 nur wenige Bücher über die Kabbala geschrieben wurden und die meisten erst nach 2000 verfasst wurden? Unter *Wissenswertes* werden Sie einige kabbalistische Kostbarkeiten finden.

Spirituelle Funken: Inspirierende Zitate und ausgewählte Gedichte von großen Kabbalisten, die das Diskussionsthema eines Kapitels reflektieren.

Tipps und Tricks: Hier räumen wir mit falschen Konzepten auf und geben Ihnen Tipps, was Sie beim Kabbalastudium vermeiden sollten.

Kabbalistische Begriffe: Definitionen kabbalistischer Begriffe, mit denen Sie möglicherweise nicht vertraut sind.

Praktische Umsetzung: Nützliche Tipps, um das Wesentliche in die Praxis umzusetzen.

Teil Eins
Kabbala – Fakten und Irrtümer

Die Liste von Berühmtheiten, die die Kabbala
studieren, liest sich wie ein 'Who is Who' aus
Hollywood. Doch die Kabbala ist mehr als eine
Modeströmung. Hier werden wir Ihnen die
Popularität der Kabbala erklären und Ihnen
einen Überblick darüber geben, welchen Vorteil
Sie durch das Kabbalastudium haben. Wir werden
die Geschichte der Kabbala erörtern und Ihnen
Basiswissen vermitteln.

Sie werden verstehen, warum die Kabbala
im 'Trend' liegt. Sie werden aber auch erfahren,
dass die Kabbala keine vorübergehende Modeerscheinung ist, sondern eine auf Erfahrung
beruhende (empirische) Wissenschaft, die die Welt
in einer Weise erklärt, wie es der traditionellen
Wissenschaft nicht möglich ist.

■ 1. Eine uralte Weisheit enthüllt sich

Essenz

- Die Kabbala taucht aus dem Verborgenen auf
- Die Veränderung naht
- Warum jetzt und nicht schon eher
- Die Kabbala und „Erlaubt ist, was gefällt"

Das Buch Sohar, der Gipfel aller Kabbalabücher, sagt voraus, dass die Kabbala sich am Ende der Tage enthüllen, wachsen und gedeihen wird. Angesichts der heutigen Popularität der Kabbala scheint es, als wäre das Ende der Tage bereits angebrochen.

Die Kabbala beleuchtet und beschreibt die Gesetze der spirituellen Welt. Sie ist keine Religion, sondern eine spirituelle Wissenschaft, die seit nahezu 2000 Jahren unter Verschluss gehalten wurde.

Im Rampenlicht

Die Kabbala war traditionell immer nur einigen wenigen auserwählten und ernsthaften Studenten vorbehalten. Bis jetzt. Noch nie zuvor war Kabbala so „heiß", „schick", „cool" und „in" wie heute. Und Kabbalisten, die zuvor so zögerlich ihre Geheimnisse preisgaben, werden heute zu Schlüsselfiguren der Verbreitung.

Von kleinen Gruppen hin zur Masse

Die Kabbala war nicht immer so populär und Kabbalisten waren nie zuvor so freizügig mit ihrem Wissen. Beinahe 2000 Jahre lang war die Kabbala ein gehütetes Geheimnis und wurde nur in schummrig beleuchteten Räumen von Kabbalisten an kleine Gruppen von Schülern weitergegeben.

Wissenswertes

Auf Amazon werden unter dem Suchbegriff „Kabbala" fast 5000 Bücher angezeigt, von denen kaum eines vor 1980 verfasst wurde. Wenige entstanden vor der Jahrtausendwende, die meisten erschienen nach dem Jahr 2000. In den letzten Jahren hat sich die Kabbala also tatsächlich den Massen geöffnet.

Beispielsweise war es im 18. Jahrhundert in der Gruppe von Rabbi Moshe Chaim Luzzato besonders schwierig, als Mitglied aufgenommen zu werden. Man musste rigorose Regeln befolgen und jeden Tag studieren.

Andere Gruppen wie die Kotzk-Gruppe (benannt nach einer polnischen Stadt) kleideten sich für gewöhnlich in Lumpen und begegneten Nichtmitgliedern mit offenem Zynismus. Sie distanzierten sich absichtlich von anderen, indem sie die heiligsten Gebräuche der Juden, wie zum Beispiel Yom Kippur, missachteten. Mitglieder dieser Gruppe streuten Brotkrümel in ihre Bärte, als wollten sie den Anschein erwecken, an diesem strengen Fastentag Brot gegessen zu haben. Natürlich stieß das viele Menschen ab.

Nichtsdestotrotz bemühten sich die gleichen Kabbalisten, die die Weisheit so streng hüteten, jene Bücher zu verfassen, die heute die Grundpfeiler des Kabbalastudiums darstellen. Rabbi Izchak Luria (Der Heilige ARI) sagte, dass von nun an das Studium des Buches Sohar (fortan Sohar genannt) für jeden, der es wünsche, erlaubt sei.

ARI lehrte sein Leben lang eine Gruppe von Studenten, doch an seinem Sterbebett verbat er allen außer Rav Chaim Vital, das Studium fortzusetzen. ARI sagte, dass nur Chaim Vital es verstünde, richtig zu lehren; er befürchtete, dass die Schüler ohne den richtigen Lehrer vom rechten Weg abkommen würden.

Die eiserne Mauer durchbrechen

Spirituelle Funken

Als erstes sollte ich sagen, dass ich es für äußerst notwendig erachte, die eiserne Wand zu sprengen, die uns von der Wissenschaft der Kabbala seit den Zeiten der Zerstörung des Tempels und bis zur heutigen Generation trennt. Diese Wand lastet schwer auf uns und erweckt die Befürchtung, dass die Kabbala gänzlich vergessen werden könnte.

Rav Yehuda Ashlag, Einführung in die Lehre der Zehn Sefirot

Erst in der letzten Dekade des vergangenen Jahrhunderts rückte die Kabbala ins Licht der Öffentlichkeit. Die dominanteste Figur der weltweiten Ausbreitung der Kabbala ist zweifellos Rav Yehuda Ashlag, den man auch Baal HaSulam (Herr der Leiter) für seinen Sulam-Kommentar (Sulam = Leiter) zum Sohar nennt. Er war der erste Kabbalist, der nicht nur über die Verbreitung sprach sondern sie auch aktiv betrieb.

Baal HaSulam veröffentlichte am 5. Juni 1940 die Zeitung HaUma (Das Volk). Er versuchte auch, David Ben Gurion und andere wichtige Personen der jüdischen Siedlungen in Palästina davon zu überzeugen, kabbalistische Prinzipien ins Bildungssystem aufzunehmen. Nach seiner Meinung würden in Zukunft die Menschen aller Religionen die Kabbala studieren können. Ihre Religionen würden sie dennoch ohne Probleme weiter ausüben können.

Solche Aussagen und die Verbreitung der Kabbala erschienen zur damaligen Zeit so unorthodox und inakzeptabel, dass die Zeitung Das Volk nach wenigen Wochen durch das Britische Mandat verboten wurde. Um diesen Akt zu rechtfertigen, wurde das Gerücht in Umlauf gebracht, dass Ashlag kommunistisches Gedankengut verbreiten wolle.

Kabbala – weil wir sie jetzt brauchen

Die Kabbala verfolgt nur einen einzigen Zweck: Sie bietet einen Ansatz, der dem Menschen hilft, den Sinn seines Daseins zu verstehen.

Heute fragen sich mehr Menschen als je zuvor nach dem Sinn des Lebens. Kabbala ist eine Lehre, die Einblicke und neue Perspektiven in das Leben bringt. Dies wiederum führt zu spiritueller Erfüllung und scheint der Grund für die heutige Beliebtheit der Kabbala zu sein.

In Die Lehre der Zehn Sefirot, einem ausführlichen Kommentar zu den Schriften des ARI, schrieb Baal HaSulam, dass man dann bereit für die Kabbala sei, wenn man

- sich manchmal fragt, wozu das Leben dient;
- sich wundert, warum man selbst und alles andere existiert;
- nicht weiß, warum das Leben zeitweise so schwierig ist.

Die passende Weisheit für die heutige Zeit

Im Kreislauf des Lebens hat jedes Teilchen seine spezielle Funktion. Kein Teil der Schöpfung kann tun und lassen, was er will, denn das Wohlergehen des Individuums hängt vom Wohlergehen des Kollektivs ab. Das Gesetz der wechselseitigen Abhängigkeit bedingt, dass kein Geschöpf ein anderes übervorteilt, denn jeder zugefügte Schaden fällt auf es selbst zurück.

Der Mensch ist die Ausnahme von dieser Regel, obwohl natürlich nicht alle Menschen rücksichtslos handeln und sich dadurch auch selbst Schaden zufügen. Wir versuchen, unsere Umgebung oder unsere Mitmenschen zu beherrschen, und glauben, dass wir sie in die Form zwingen können, die uns gefällt.

Doch ein kurzer Blick auf die Nachrichten zeigt uns das Ergebnis solcher Versuche; alles, was wir dadurch erreichen, ist Unglück für uns selbst und andere. Wie wir in Teil Drei zeigen werden, wurde nichts ohne Grund erschaffen, nicht einmal die menschliche Zerstörungswut.

Diese scheint eine große Bedrohung für unsere Umwelt zu sein. Daher verwundert es nicht, dass sich die Menschen heute mehr denn je die Sinnfrage stellen. Die Weisheit der Kabbala kann uns zwar nicht dabei helfen, diese Frage bis ins Letzte zu beantworten, sie bietet aber Mittel zu einer tiefergehenden Untersuchung.

Wenn Menschen begreifen, dass Reichtum, Sex und Macht sie nicht zufriedener machen, fragen sie nicht länger nach dem Wie sondern mehr nach dem Warum. In solchen Zeiten haben daher viele Lehren, die Antworten auf das Warum geben, gute Chancen auf Popularität.

Da die Kabbala sich speziell mit der Frage nach dem Sinn des Lebens befasst, überrascht es nicht, dass viele Menschen sie attraktiv finden. Ihre Beliebtheit bei Prominenten trägt zusätzlich zu ihrer Verbreitung bei.

Kabbala und falsche Assoziationen

Die Haltung „Erlaubt ist, was gefällt" führt dazu, dass heutzutage alles mit allem vermischt wird: Wissenschaft mit Religion, Rock'n Roll mit Beethoven. Es gibt sogar Sushieis, wussten Sie das? Auch die Kabbala wird mit mehr Glaubenslehren in Verbindung gebracht als es Beläge auf einer Pizza gibt.

Doch es gibt noch einen ernsteren Grund für das plötzliche Auftauchen dieser uralten Wissenschaft. Die Kabbala hatte immer den Ruf, dass sie Einblicke in die höchsten Kräfte der Natur, in die spirituelle Welt und in die Natur Gottes gäbe. Daher neigten die Menschen immer dazu, kabbalistische Begriffe mit allen möglichen Lehren zu vermischen.

Das Problem an solchen Vermischungen besteht darin, dass sie die Macht der Kabbala unterminieren, die uns Hilfe beim Verständnis unserer menschlichen und spirituellen Natur bietet. Trotzdem steht dies im Mittelpunkt der Lehre und ist der Hauptgrund für den hohen Bekanntheitsgrad der Kabbala.

Um jegliche Missverständnisse zu vermeiden, werfen wir einen Blick auf das, was die Kabbala NICHT ist. Sie ist keine Religion und hat nichts mit Religion zu tun, auch nicht mit Magie, Mystik, Hellseherei, Kult, Medizin, Holistik, Meditation, Philosophie, Theosophie, Psychologie oder Parapsychologie, Telepathie, Traumdeutung, Tarot, Yoga, roten Bändern, Segenssprüchen, Rückführungen, Numerologie, Reiki, Channeling, Astrologie, Voodoo, Freimaurerei, Sufismus oder irgendeinem anderen -ismus. Die Kabbala gibt es schon seit sehr, sehr langer Zeit und sie rückt nun in den Mittelpunkt des öffentlichen Interesses. Jene, die in ihr den „letzten Schrei" sehen, werden bald weiter wandern und sich nach Neuem umsehen. Doch jene, die tief in die Prinzipien der Kabbala eintauchen, werden genug für ein ganzes Leben darin finden.

Zusammenfassung

- Die Kabbala ist eine Methode, die die tiefsten Fragen des Lebens beantwortet.
- Die Kabbala tauchte erst auf, als diese Fragen in Massen auftraten.
- Die Kabbala wird zu Unrecht mit allen möglichen spirituellen Lehren assoziiert.
- Die Kabbala ist keine vorübergehende Modeerscheinung, sondern eine praktische Methode, die Natur des Menschen und das Wesen des Schöpfers zu verstehen.

■ 2. Einige Grundbegriffe

Essenz

- Die wahre Wirklichkeit
- Das Tor zum „Sechsten Sinn" öffnet sich
- Erfahren, was wir wissen wollen
- Im Herz der Selbstsucht liegt das wahre Geben

Nun da wir die üblichen Missverständnisse über die Kabbala ausgeräumt haben, wenden wir uns ihrem wahren Wesen und ihren grundlegenden Konzepten zu. Die Begriffe, die wir verwenden und in diesem Kapitel diskutieren, entstammen der Sprache der Kabbala.

Wir zeigen Ihnen auch, warum das Kabbalastudium nicht nur für Sie sondern für die Gesellschaft als ganze von großem Vorteil ist.

Die Wahrheit über die Wirklichkeit

Im Hebräischen bedeutet Kabbala „Empfangen". Doch die Kabbala ist nicht nur Empfangen. Sie ist eine Methode, die uns lehrt, wie wir empfangen sollen. Die Kabbala hilft Ihnen dabei, herauszufinden, wo Sie sich tatsächlich befinden. Sie zeigt die Grenzen der fünf Sinne und eröffnet Ihnen die Möglichkeit, einen „sechsten Sinn" zu entwickeln.

Dieser sechste Sinn bereichert nicht nur Ihr Leben, sondern öffnet ebenfalls die Tür zu einer „schönen neuen Welt". Darin gibt es weder Tod noch Leid oder Schmerz. Und das Beste daran ist, dass Sie dafür nichts aufgeben müssen: Man muss nicht sterben, um dorthin zu gelangen; man muss weder fasten noch sich sonst irgendwie einschränken. Kurz gesagt, die Kabbala entfernt Sie nicht von Ihrem normalen Leben; sie fügt allem, was geschieht, eine neue Bedeutung und Kraft hinzu. Ja, es stimmt: Kabbalisten genießen ihr Leben in vollen Zügen.

Kabbalistische Begriffe

In seinem Essay 'Das Wesen der Weisheit der Kabbala' definiert Baal HaSulam die Kabbala wie folgt: Die Kabbala ist nicht mehr oder weniger als eine Folge von Wurzeln, die durch Ursache und Wirkung nach festgelegten Regeln absteigen und ein einziges erhabenes Ziel formen, das als „die Enthüllung Seiner Göttlichkeit an Seine Geschöpfe in dieser Welt" beschrieben wird.

Empfangen – entdecken Sie die Kraft des Gebens

Um die Art des Genusses zu verstehen, den ein Kabbalist empfängt, muss man zunächst die kabbalistischen Konzepte kennen: In der gesamten Wirklichkeit gibt es nur eine einzige Kraft – die Kraft des Gebens. Sie erzeugt „etwas", das ihre Geschenke zu empfangen vermag. Die gebende Kraft wird in der Kabbala „Schöpfer" genannt und das Erschaffene „Schöpfung" oder „Geschöpf". Das Geschöpf sind wir, die Menschheit als Gesamtes und jeder von uns persönlich.

Dieses Geschöpf durchläuft einen Prozess des Lernens und der Entwicklung und entdeckt am Ende seiner Reise die volle Pracht und Größe seines Schöpfers. Baal HaSulam erklärt, dass diese Enthüllung des Schöpfers an Seine Geschöpfe das Wesen und der Sinn der gesamten Schöpfung sind.

Die Wirklichkeit als Gobelin

Vertiefen wir uns ein wenig in die Enthüllung des Schöpfers. Das Wesen der Kabbala („Empfangen") besteht laut Baal HaSulam darin, den Schöpfer zu entdecken, denn das sei es, was uns die ultimative Erfüllung bringt.

Doch es steckt mehr dahinter: Die Kabbala erklärt, dass die Erkenntnis des Göttlichen gleichbedeutend ist mit der Kenntnis des Gesetzes, das die Natur regiert. Tatsächlich ist der Schöpfer die Natur. Durch die Enthüllung dieses Gesetzes offenbart sich die Wirklichkeit als Ganzes, als gesamte Tonleiter; wir verstehen, warum Dinge geschehen, und wie wir sie nicht nur voraussagen, sondern sie sogar zu unserem Vorteil nutzen können.

Wenn Sie die Vielschichtigkeit der Natur erkennen, überwinden Sie Ihr derzeitiges irdisches Leben und die Begrenzung durch Ihre fünf Sinne, als hätte jemand die Schleier vor Ihren Augen gelüftet und Ihnen einen Blick auf die vollkommene Schönheit dieser Welt gewährt.

Wie funktioniert es nun und was bekommt man tatsächlich? Die Realität ist wie eine Stickerei, auf der man ein vollkommenes Bild erkennen kann. Doch auf der Rückseite sieht man viele Fäden und Knoten und erkennt weder Anfang noch Ende. Die Kabbala hilft Ihnen dabei, die Fäden auf der Rückseite der Stickerei zu entwirren, und sie leitet Sie an, wie Sie selbst zum Stickenden werden und ein Bild, das Ihnen gefällt, entwerfen können.

Der verborgene Sinn

Empfangen in der Kabbala befasst sich mit der Wahrnehmung der spirituellen Welt. Sie ist für unsere Sinne unsichtbar und doch erfahren wir sie. Wenn alles, was wir wahrnehmen, von unseren Sinnesorganen abhängt, steht außer Frage, dass wir für die Wahrnehmung der Spiritualität ein spezielles Sinnesorgan entwickeln müssen. Wir brauchen nicht außerhalb von uns zu suchen, sondern müssen die Wahrnehmung kultivieren, die in uns bereits verborgen vorhanden ist. Diese nennt man in der Kabbala „sechsten Sinn".

Doch dieser Ausdruck ist etwas verwirrend, da es sich nicht um einen „Sinn" physiologischer Art handelt. Weil wir damit jedoch etwas wahrnehmen können, was unseren herkömmlichen Sinnen verborgen bleibt, einigten sich die Kabbalisten darauf, diese „anderen Wahrnehmungsfähigkeiten" als „sechsten Sinn" zu bezeichnen.

Und hier liegt das Problem: Unsere fünf Sinne dienen dazu, unseren persönlichen und ureigensten Interessen zu dienen. Sie teilen uns all das mit, was uns zu unserem eigenen Vorteil gereicht. Wenn unsere Sinne auf das Wohlergehen des Nächsten oder der Welt ausgerichtet wären, würde sich unser gesamtes Empfinden ändern. Wir wären fähig, unsere Mitmenschen, jedes Tier oder jede Pflanze dieser Welt „wahr" zu nehmen. Wir würden unbegrenztes Verständnis erlangen, allwissend und buchstäblich göttlich sein.

Kabbalistische Begriffe

Im Hebräischen stammt das Wort „Adam" vom Wort Domeh ab, wie zum Beispiel in Dome la Elyon („Im Gleichnis Gottes") und wie in Jesaja 14, 14 beschrieben: „Ich werde dem Höchsten gleichen."

In einem derartigen unbegrenzten Zustand würden wir unsere fünf Sinne auf ganz andere Art nützen. Im Zentrum ihrer Aufmerksamkeit stünde nicht der persönliche Vorteil, sondern die Kommunikation mit der gesamten Schöpfung. Daher ist der „sechste Sinn" gleichbedeutend mit der Absicht, mit der wir unsere Sinnesorgane nützen. Die Absicht stellt ein wichtiges kabbalistisches Konzept dar und wird in Kapitel Vier genauer behandelt.

Praktische Tipps

Die Absicht ist das grundlegende Motiv unserer Handlungen. Wenn wir uns selbst Gutes tun, rücken wir uns und unser eigenes Schaffen in den Mittelpunkt unseres Lebens. Doch wenn wir die Absicht haben, dem Schöpfer Gutes zu tun, verschiebt sich dieser Mittelpunkt auf Ihn und Seine Schöpfung.

Der Schöpfer muss geben, wir müssen empfangen

Die Kabbala ist sehr leicht zu verstehen, wenn man weiß, wie. Sie schreibt dem Schöpfer unendliche Güte und bedingungsloses Geben an die Geschöpfe zu. Daher wurden wir mit einem ebenso unendlich großen Wunsch nach Erfüllung erschaffen, um Seine Geschenke zu ersehnen und aufnehmen zu können. Die Kabbala beschreibt diese Sehnsucht als „Verlangen, Freude und Genuss zu empfangen" oder einfach als „Verlangen zu empfangen".

Baal HaSulam erklärt in der Einführung zum Buch Sohar, warum das „Verlangen zu empfangen" erschaffen werden musste:

Da der Schöpfungsgedanke das Geben an die Geschöpfe beinhaltet, erschuf Er in den Seelen einen unbändigen Wunsch danach, das zu empfangen, was Er geben will. Daher bewirkt allein schon der Schöpfungsgedanke einen riesigen Wunsch nach Erfüllung (in den Seelen) entsprechend dem Ausmaß an Genuss, den der Allmächtige den Seelen bereiten will.

Wir haben also die Fähigkeit, das Potenzial und das unbewusste Verlangen nach der Verbindung mit dem Schöpfer und erfahren vollkommene Erfüllung, indem wir Seine Güte annehmen.

Selbstsüchtig bis ins Mark

In der Praxis hat ein solches Verlangen zu empfangen jedoch durchaus Konsequenzen. Baal HaSulam beschreibt die Komplexität des menschlichen Zustandes in seinem Essay „Frieden in der Welt" wie folgt:

Jeder Mensch fühlt sich in der Welt des Schöpfers als alleiniger Herrscher und denkt, dass alles andere nur dafür erschaffen wurde, ihm sein Leben zu erleichtern und zu verbessern. Er fühlt keinerlei Notwendigkeit, eine Gegenleistung zu erbringen.

Brutal ausgedrückt heißt das, dass wir bis in die kleinste Faser selbstsüchtig sind. Durch die Korrektur aber verwandelt sich dieser extreme Egoismus in die höchste Stufe des Altruismus.

Der egoistischste Wunsch von allen: ein Altruist zu werden

Als Egoist geboren zu werden, bedeutet nicht, dass man es für alle Zeiten bleiben wird. Wir erinnern uns daran, dass die Höchste Kraft unendlich gütig ist und die Geschöpfe deswegen erschaffen wurden, um diese unendliche Güte zu empfangen.

Spirituelle Funken

Es gibt eine wunderbare unschätzbare Medizin für jene, die in die Weisheit der Kabbala eintauchen ... Sie erwecken die Lichter, die ihre Seelen umgeben ... Die Erleuchtung während des Studierens zieht Gnade von Oben an, bringt Erfüllung, Heiligkeit und Reinheit und führt den Menschen zur Vollkommenheit.

Baal HaSulam, Einführung in die Lehre der Zehn Sefirot

Wenn sich das Verlangen zu empfangen im Geschöpf entwickelt, findet eine beinahe magische Verwandlung statt. Das Geschöpf will nicht nur vom Schöpfer empfangen, sondern allmählich sogar so sein wie Er. Denken Sie daran, wie sehr kleine Kinder das Verhalten ihrer Eltern imitieren. Wie sehr der Wunsch, erwachsen zu werden, die Basis allen Lernens ist. Kabbalisten sagen, dass der kindliche Wunsch nach Erwachsensein dem Wunsch des Geschöpfs entspricht, schöpferähnlich zu werden.

Mit den Eltern als Vorbild studiert man als Kind deren Handlungen, ahmt sie nach und so wächst man heran. Wenn man sich demgemäß den Schöpfer zum Vorbild wählt, studiert man Ihn, um so zu werden wie Er. Man lernt das wirkliche Geben und erkennt, wie sich der grenzenlos egoistische Wunsch, schöpferähnlich zu sein, in Altruismus wandeln kann (dies wird noch detaillierter in den folgenden Kapiteln besprochen). In der Kabbala wird die Fähigkeit, schöpferähnlich zu sein, als das „Erlangen der Eigenschaft zu geben" bezeichnet.

Praktische Umsetzung

Einen anderen Ansatz, über den Gedanken des Altruismus nachzudenken, bietet die Tatsache, dass wir nicht von der Schöpfung getrennt sondern Teil von ihr sind. Im Altruismus geht es um die Verbundenheit mit anderen, mit der Natur. Altruismus ist also auch eine intelligente Möglichkeit, auf unser eigenes Wohlergehen zu achten.

Daraus folgt, auch wenn es widersprüchlich klingt, dass der egoistischste Wunsch jedes Menschen darin besteht, wie der Schöpfer zu sein, das heißt, ein vollkommener Altruist zu werden.

Zusammenfassung

- Die Kabbala zeigt uns die Methode, mit deren Hilfe man erlernen kann, wie man richtig empfängt.
- Der Wunsch des Schöpfers besteht darin, Genuss zu geben; daher erschuf Er das Verlangen zu empfangen.
- Der „sechste Sinn" erlaubt uns, die höheren spirituellen Welten wahrzunehmen.
- Der Zweck der Kabbala besteht in der Enthüllung des Schöpfers, während wir noch in dieser Welt leben.
- Die größten Egoisten wollen wie der Schöpfer selbst sein: Altruisten.

■ 3. Erforschung der Wirklichkeit

Essenz

- Die Wirklichkeit – anders als das, was wir sehen
- Die Grenzen unserer subjektiven Wahrnehmung
- Wir werden von vier Faktoren bestimmt; und wenn wir einen verändern, verändern sich alle
- Freie Wahl besteht ausschließlich in der Wahl des Umfeldes

Nun, da wir ein wenig Basiswissen darüber erlangt haben, wie sich die Kabbala entwickelt hat und was sie ist, werfen wir einen genaueren Blick darauf, welchen Nutzen wir aus ihr ziehen können. Dieses Kapitel behandelt die Konzepte, die in Kapitel Zwei vorgestellt wurden, und zeigt, wie Kabbalisten den Schöpfer verstehen bzw. was sich der Schöpfer von Ihnen erwartet.

Außerdem gibt dieses Kapitel einen Einblick in das Wesen der Wirklichkeit und wie Sie sie wahrnehmen bzw. was Ihnen verborgen bleibt. Sie lernen auch, worin die Macht des freien Willens besteht und wie Sie mit dieser Erkenntnis Ihr Leben zum Besseren verändern können.

Ist das alles?

Sehen Sie sich um. Was sehen Sie? Was hören Sie? Haben Sie sich je gefragt, ob es jenseits der Wahrnehmung durch Ihre fünf Sinne noch etwas anderes gibt? Möglicherweise andere Welten oder Wesen, die Sie nicht wahrnehmen können?

Für einen Kabbalisten leben wir in vollkommener Dunkelheit und sind unfähig, das größere Bild zu erkennen, obwohl es zum Greifen nah ist. Ohne es besser zu wissen, halten wir unseren Blick auf die Welt für den einzig möglichen. Doch die Kabbala beleuchtet die gesamte Wirklichkeit und macht sie offensichtlich. Durch sie erlangen wir die Fähigkeit, das gesamte Puzzle zu erfassen, und unsere Wahrnehmung der Wirklichkeit wandelt sich. Wir können dann nicht mehr gleich handeln wie vorher, als wir uns noch in der Dunkelheit befanden, und daraus ergibt sich ein wechselseitiger Nutzen für uns und für andere.

Jenseits der fünf Sinne

Hat sich Ihre Hand jemals seltsam angefühlt, weil sie nur fünf Finger hat? Höchstwahrscheinlich nicht. Obwohl wir durch unsere fünf Sinne unsere Wahrnehmung perfektionieren können, haben wir dennoch keine Ahnung davon, welche Wahrnehmung uns fehlt. Es ist unmöglich, die wahre Wirklichkeit zu erkennen, denn sie fehlt uns nicht; genauso wenig wie ein sechster Finger.

Da die Phantasie ein Produkt unserer Sinneswahrnehmungen ist, können wir uns kein Objekt oder Wesen vorstellen, das außerhalb unserer Vorstellungskraft liegt. Denken Sie an die phantasievollsten Kinderbücher oder die abstrakteste Kunst. Gleichen ihre Darstellungen nicht irgendwie immer Dingen, die wir bereits kennen? Versuchen Sie einmal, sich das Irrste vorzustellen, zu dem Sie in der Lage sind – es wird immer noch Ähnlichkeit mit etwas bereits Bestehendem haben.

Spirituelle Funken

Unsere fünf Sinne und unsere Vorstellung bieten uns nicht mehr, als die Enthüllung der Handlung der Essenz, doch nicht die Essenz selbst. Der Sehsinn offenbart uns beispielsweise nur Schatten der sichtbaren Essenz, entsprechend der dem Licht gegenüber liegenden Form.

Rav Yehuda Ashlag, Vorwort zum Buch Sohar

Die Erlangung des sechsten Sinns ist ein lang andauernder Prozess. Er entspricht einer höheren Ebene unserer Wahrnehmung, auf der wir die Vernetzung aller Dinge und Ereignisse erfassen und unseren Platz in dieser Vernetzung verstehen.

Mit großer Wahrscheinlichkeit erhalten wir viele Eindrücke von äußeren Objekten. Da unsere Sinnesorgane jedoch nicht dieselben Eigenschaften haben wie diese äußeren Objekte, fallen sie aus unserer Wahrnehmung heraus. Wir nehmen nur jenen Teil des Objekts wahr, der für uns bekannte Eigenschaften aufweist. Für eine allumfassende Wahrnehmung müssen wir aber erst vollständig in die Schöpfung eintauchen. Anders ausgedrückt, müssen wir uns all der Formen der Realität, die in uns existieren, bewusst werden; erst dann ist das Bild der Wirklichkeit vollständig.

Wie erlangen wir nun diesen sechsten Sinn, der uns die Wahrnehmung für die Spiritualität eröffnet? Tatsächlich existiert er bereits in uns, allerdings verborgen. Erinnern Sie sich an die Absicht im vorangegangenen Kapitel! Mit dieser Absicht erwecken wir diesen Sinn aus seinem Dornröschenschlaf.

Durch Ausdauer und Studium erreichen wir die Erkenntnis der Welt des Schöpfers und damit des Gebens. Die Kabbala nennt diese Welt „die Höhere Welt". Durch die Kultivierung des sechsten Sinns beginnen wir allmählich, die Höhere Welt zu fühlen und zu verstehen.

Spirituelle Funken

Man muss daher verstehen, dass alle Namen und Anrufungen und alle Welten, die Höheren und die Niederen, dass alles Einfaches Licht ist, Einmalig und Einzig. Im Schöpfer ist alles ein und dasselbe: das sich verbreitende Licht, der Gedanke, die Handlung, der Handelnde und alles, was sich das Herz erdenken kann. Rav Yehuda Ashlag, Die Lehre der Zehn Sefirot

Über die Grenze

Unsere Wahrnehmung der Höheren Welt hängt von unserer spirituellen Stufe ab. Anfangs können wir uns überhaupt nichts darunter vorstellen, denn unsere Eigenschaften stimmen nicht mit jenen des Schöpfers überein. In diesem Zustand erfahren wir nur die materielle Welt, in der wir leben, und unsere Vorstellung der Spiritualität beschränkt sich ausschließlich auf unsere Phantasie.

Doch sobald wir die erste spirituelle Eigenschaft erlangen, das erste Stückchen Altruismus, erlangen wir damit auch die Fähigkeit, Spiritualität als solche zu erkennen. Kabbalisten nennen es „Überschreiten der Grenze". Jenseits dieser Grenze schreiten wir sogar ohne Lehrer fort, denn wir nehmen die Lenkung des Schöpfers bewusst wahr. Trotzdem setzen Kabbalisten oft ihr gemeinsames Studium mit dem Lehrer fort. Ihr Verhältnis zu ihm ändert sich dabei jedoch drastisch, denn sie müssen nicht mehr wie ein Blinder an der Hand geführt werden, sondern begeben sich an seiner Seite auf eine wunderschöne Entdeckungsreise.

Jenseits der Grenze lernt man von der eigenen Seele, indem man sie und ihre Beziehung zum Schöpfer studiert. Um das zu verstehen, betrachten wir den Vorgang des Hörens als Beispiel: Beim Hören trifft eine Schallwelle auf das Trommelfell, welches seinerseits einen Gegendruck von innen ausübt. So wird ein Gleichgewicht hergestellt, durch das man die Tonqualität und die Lautstärke messen kann. Doch damit diese Wahrnehmung auftreten kann, muss es ein verbindendes Element zwischen Empfänger und Sender geben. Im Fall des Hörens ist dies das Trommelfell.

Doch was ist die verbindende Kraft zwischen unserer Wahrnehmung und dem Schöpfer? Vielleicht benötigen wir eine Art „spirituelles Trommelfell" mit der gleichen Eigenschaft wie das, was vom Schöpfer zu uns kommt? Tatsächlich existiert ein solches „Trommelfell"; es ist die in Kapitel Zwei vorgestellte Absicht. Was immer man mit der Absicht zu geben macht, wird spirituell als Geben betrachtet. Der Knackpunkt besteht nur darin zu erkennen, wo sich die Absicht zu empfangen befindet, und sie dann in eine Absicht des Gebens umzudrehen. Mehr darüber in Kapitel Zwölf.

Die einzige Wirklichkeit befindet sich in mir

Unsere Wahrnehmung hängt von unseren Genen, unseren Erfahrungen und unserem sozialen Umfeld ab. Sie ist gänzlich subjektiv. Egal, was unsere Sinne uns vermitteln – was wir letztendlich empfinden und wie wir handeln, ist sehr individuell.

Angenommen uns fehlt der Gehörsinn – gibt es um uns herum dann keine Geräusche? Gibt es nicht trotzdem Musik oder das Donnern von über uns hinweg fliegenden Jets? Hören die Vögel auf zu singen, nur weil wir nicht in der Lage sind, ihr Zwitschern zu hören? Für den Tauben schon. Niemand kann ihm auch nur im Entferntesten klar machen, wie der Gesang einer Nachtigall klingt. Außerdem gibt es auf der Welt keine zwei Menschen, die dasselbe Geräusch auf dieselbe Weise wahrnehmen.

Was wir von unserer Umgebung wahrnehmen, hängt also nur von den Erfahrungen in uns ab. Wir sehen die Wirklichkeit ausschließlich aus unserer individuellen Perspektive.

Die Suche nach der Freiheit

Wir beginnen diesen Abschnitt mit einer Erzählung von Baal HaSulam: Einst gab es einen König, der wissen wollte, welche seiner Untertanen vertrauenswürdig waren. Er ließ verkünden, dass jeder, der für ihn arbeiten würde, mit einem Festmahl fürstlich belohnt würde. Als die Untertanen beim Palast ankamen, fanden sie nur ein Schild mit einer Wegbeschreibung und einer Handlungsanweisung vor, aber keine Wachen. Jene, die die Arbeit zu verrichten begannen, wurden, ohne es zu wissen, einem „magischen Staub" ausgesetzt. Die anderen nicht. Abends, als alle am Tisch saßen, genossen jene, die gearbeitet hatten, die Mahlzeit auf wunderbare Weise; die anderen jedoch nicht – für sie war das Essen grauenvoll ekelig. Nur jene, die dem König freiwillig folgten, wurden mit denselben Genüssen belohnt, die auch der König liebte.

Man sagt oft, dass nur jene Menschen glücklich seien, die frei sind – frei von Fesseln und Unterdrückung und frei, eigene Entscheidungen zu treffen. Entsprechend haben sich die Menschen schon immer gefragt, wie das Konzept der Freiheit mit der Existenz einer Höheren Kraft bzw. mit einer göttlichen Lenkung zu vereinbaren sei.

Wie wir bereits wissen, will der Schöpfer, dass Sie und ich erfüllt und glücklich sind. Doch dies gelingt nur, wenn man Seine Stufe erreicht. Unser Verlangen nach Genuss muss Seinem Verlangen, Genuss zu geben, in der Form völlig gleichen. Dies klingt widersprüchlich, aber genau diese Wechselseitigkeit bringt uns unserem Ziel näher. Wie lässt sich das nun verwirklichen? Hier, Schritt für Schritt, die logische Erklärung der Kabbalisten:

1. Der Schöpfer ist absolut wohlwollend.
2. Daher will Er uns vollkommenen Genuss schenken.
3. Absoluter Genuss bedeutet, Seinen Zustand zu erreichen: Allwissenheit, Allmacht und absolute Güte.
4. Wir müssen also erkennen, dass Sein Zustand der erstrebenswerteste von allen ist. Mit anderen Worten: Wir streben diesen Zustand aus freiem Willen an.
5. Freier Wille setzt voraus, dass der Schöpfer nicht direkt auf uns wirkt bzw. wir von Ihm unabhängig sind.
6. Daher ist Er vor uns verborgen. Er gab uns unser Leben in dieser Welt, in der wir Ihn mit unseren Sinnen nicht erleben können.
7. Da wir uns also in einem neutralen Zustand befinden, in dem wir Ihn weder als gut noch als schlecht erkennen, können wir frei wählen, ob wir so sein wollen wie Er – absolut gut – oder nicht.

Freiheit als Illusion

Die Kabbala lehrt uns, dass der Schöpfer sich vor uns verbergen muss, damit wir die Möglichkeit haben, frei zu wählen. Unter dieser Bedingung sind wir unabhängig von Seiner Allgegenwart und scheinen frei handeln, denken und entscheiden zu können; wir sehen die unsichtbare Hand nicht, die uns leitet.

Man könnte es auch so sehen: Der Schöpfer plante Ihr ganzes Leben für Sie, selbst, was Sie heute Mittag essen werden. Doch wenn Sie der Schöpfer all das wissen ließe, wo wäre dann Ihre Entscheidungsfreiheit? Die Antwort lautet wie folgt: Nur im Rahmen der individuellen Perspektive besteht freie Wahl. Der Umstand, dass die Höhere Kraft weiß, wie wir uns entscheiden werden, ist bedeutungslos für uns, solange wir nicht wissen, was wir wählen werden.

Das Schmerz-Lust-Prinzip

Dass wir mit Freude erfüllt sind, ist, wie bereits erwähnt, oberstes Ziel der Höheren Kraft. Das Erkennen dieser Wahrheit ist das Wichtigste auf unserem Weg zu unserer Vervollkommnung. Es ist auch kein Geheimnis, dass wir alle nach der Erfüllung streben und alles Mögliche anstellen, um sie zu finden.

Wie passt also Schmerz in diese Gleichung, wenn Er uns doch nur Gutes tun will? Sie und ich, wir führen keine einzige Handlung durch, von der wir nicht überzeugt sind, dass wir einen Vorteil daraus haben werden. Jede unserer Handlungen ist das Ergebnis einer Berechnung, nämlich inwiefern unser Tun unserem Glück und unserer Zufriedenheit förderlich ist. Daher begeben wir uns auch bewusst in schmerzvolle Situationen, um noch größeren Genuss daraus zu ziehen.

Manche dieser Situationen lassen uns darüber nachdenken, was uns glücklich macht, und wir ordnen die Wertigkeiten neu. Angenommen Sie haben eine Rolex, deren Besitz Sie in höchstem Maße befriedigt – sie repräsentiert das, was Sie erreicht haben, Ihren gesellschaftlichen Status und vieles mehr. Eines Tages hält Ihnen ein Räuber eine Waffe an die Schläfe und will Ihre Uhr ... Die meisten Menschen würden wohl den einen schmerzvollen Zustand (sich von der Uhr zu trennen) dem noch schmerzvolleren Zustand (verletzt oder ermordet zu werden) vorziehen.

Spirituelle Funken

Die Geschöpfe haben keine Freiheit ... Schmerz zu vermeiden und Genuss zu suchen. Der Vorteil des Menschen liegt darin, dass er für ein zukünftiges Ziel, das Genuss verspricht, bereit ist, ein gewisses Maß an Leid auf sich zu nehmen.

... Und so geschieht es, dass wir uns manchmal quälen, weil wir die erhoffte Erfüllung, die quasi dem Restnutzen entspricht, wenn wir das in Kauf genommene Leid abziehen, nicht bekommen haben. Daher haben wir ein Minus zu verzeichnen, genau wie die Kaufleute.

Baal HaSulam, Die Freiheit

Es ist eine Art Genuss-Skala, anhand derer wir berechnen, welche aktuelle Unannehmlichkeit sich durch einen zukünftigen Genuss gerade noch rechtfertigen lässt. Mit anderen Worten: Wir kalkulieren, welches Leid wir in Kauf nehmen, um einen in weiter Ferne liegenden Genuss zu bekommen.

Die vier Faktoren, die den Menschen ausmachen

Die Kabbala besagt, dass der Zustand eines Menschen in jedem Moment von vier Faktoren abhängt:

1. **Quelle.** Dies ist der Ausgangspunkt, der spirituelle Gen-Pool. Er ist keine weiße Wand, sondern entspricht vielmehr einer Wand mit mehreren Farbschichten. Unter den neuen befinden sich ältere, die man zwar nicht sehen kann, die aber auch nicht gelöscht, sondern nur überstrichen werden können. Sie sind Teil der Wand und dienen immer als Grundlage für die nächste Schicht Farbe.

2. **Unveränderliche Eigenschaften der Entwicklung, die aus der eigenen Natur resultieren.** Dieser Faktor beschreibt unsere Entwicklung auf Grund unserer Gene. Diese Eigenschaften beziehen sich auf Dinge, die wir mögen oder nicht, auf unsere Talente und andere vererbte Merkmale.

3. **Eigenschaften, die sich durch den Einfluss externer Bedingungen verändern.** Sie beschreiben unsere Einstellung zu unserer Umgebung. Angenommen Sie bekommen von Ihrem Chef eine schlechte Beurteilung Ihrer Leistung. Sie werden traurig oder wütend sein oder aber Sie sehen ein, dass Ihr Chef nur das Beste für Sie im Sinn hat und Ihnen mit der schlechten Beurteilung nur die Chance geben will, erfolgreicher zu werden. Egal wie, die Beurteilung wird Sie unweigerlich beeinflussen und eine Veränderung bewirken.

4. **Eigenschaften, die aus den äußeren Faktoren selbst stammen.** Der vierte Faktor entspricht der äußeren Umgebung und ihrer unaufhaltsamen Entwicklung. Um das vorherige Beispiel fortzusetzen, würden Sie vielleicht Ihren Job wechseln, und dies wiederum würde Sie neuen Einflüssen aussetzen, die Sie selbst gewählt haben.

Diese vier Faktoren, ob veränderlich oder nicht, tragen durch ihre Kombination zur Persönlichkeit des Menschen bei. Von den vier Faktoren können wir nur den vierten – unsere Umgebung – verändern. Durch die Wahl der Umgebung sind wir in der Lage, die anderen Faktoren in uns zu beeinflussen.

Praktische Umsetzung

Warum ändert Ihre Einstellung, wie auch immer sie ist, die Umgebung? Die Antwort lautet: Weil Sie nicht von der Umgebung getrennt sind, sondern einen Teil von ihr darstellen. Daraus resultiert folgende Frage: Welche Einstellung soll ich haben, um meine Umgebung zu verbessern?

Zusammenfassung

- Was wir von unserer Welt wahrnehmen, ist ein subjektives Bild dessen, was uns der Schöpfer tatsächlich gegeben hat.

- Der Schöpfer will Sie nur beschenken, und indem Sie empfangen, werden Sie so sein wollen wie Er und Ihm zurückgeben.

- Vier Faktoren bestimmen Ihren Zustand: Quelle; unveränderliche Eigenschaften, die aus Ihrer Natur stammen; Eigenschaften, die sich durch den Einfluss externer Bedingungen verändern; Eigenschaften aus den äußeren Faktoren selbst.

- Wenn Sie Ihre Wünsche und Ihre Richtung im Leben ändern wollen, müssen Sie auf die Umgebung, in der Sie leben, Einfluss nehmen.

■ 4. Die Geschichte der Wünsche

Essenz

- Fünf Stufen der Wünsche
- Erkenntnis des Bösen als Voraussetzung für die Enthüllung des Schöpfers
- Der „Punkt im Herzen"
- Absicht als lebensentscheidende Kraft

Die Geschichte der Menschheit geht Hand in Hand mit der Geschichte der menschlichen Wünsche und deren Entwicklung. Die Suche nach Wegen zur Erfüllung unserer Wünsche bestimmt die Geschwindigkeit und Richtung der menschlichen Evolution und definiert deren Fortschritt.

Dieses Kapitel erforscht die Entwicklung der menschlichen Sehnsüchte, von den grundlegenden Bedürfnissen bis hin zur höchsten Ebene: dem Verlangen nach Spiritualität. Man kann ein ernsthaftes Kabbalastudium nur beginnen, wenn man dieses Verlangen erworben hat; es ist das Tor zum Verständnis des Wesens des Schöpfers und unserer eigenen Natur in dieser Welt.

Fünf Stufen der Verlangen

Die Geschichte der menschlichen Errungenschaften läuft parallel zur Entwicklung der menschlichen Wünsche. Der Wunsch des Menschen, schneller mehr Waren zu transportieren, veranlasste ihn beispielsweise zur Erfindung des Rades. Und der Wunsch des Menschen nach Macht und Eroberung war die treibende Kraft für die Erfindung der Kanonen im Mittelalter.

Durch die Vergrößerung der egoistischen Verlangen entwickelte sich auch der Zivilisationsfortschritt. Die Kabbala teilt den gesamten Komplex der menschlichen Verlangen in fünf Stufen ein:

> **Stufe 1:** Natürliche grundlegende Verlangen wie Nahrung,
> Schutz und Fortpflanzung;
> **Stufe 2:** Streben nach Reichtum;
> **Stufe 3:** Sehnsucht nach Macht und Ruhm;
> **Stufe 4:** Wissensdurst;
> **Stufe 5:** Verlangen nach Spiritualität.

Sobald ein Wunsch erfüllt wird, erscheint sofort das Gefühl der Leere. Je häufiger sich dieser Prozess wiederholt, desto mehr wird man sich die Frage stellen, worin der eigentliche Sinn dieses Kreislaufs (Wunscherfüllung – Leere – Wunscherfüllung – Leere) besteht. Wenn die Verlangen der einen Stufe erfüllt sind, hetzen wir sofort auf die nächst höhere, um es dort zu versuchen.

Und nachdem sich Wünsche der ersten vier Stufen als unfähig erwiesen haben, eine andauernde Erfüllung zu garantieren, fragen wir uns: „Gibt es etwas in unserem Leben, das über die Jagd nach materieller Erfüllung und sozialem Status hinausgeht?" An diesem Punkt beginnen wir, nach Spiritualität zu streben. In der Kabbala wird dieser Zustand das „Erscheinen des Punktes im Herzen" genannt (mehr dazu später in diesem Kapitel).

Die Erkenntnis des Bösen und die Enthüllung des Guten

Im vorherigen Kapitel sprachen wir über die Erkenntnis des Bösen, also die Erkenntnis, dass wir Egoisten sind, die ausschließlich aus Eigennutz handeln.

Wenn wir unseren Zustand als völlig schlecht erkennen und den Zustand des Schöpfers als das absolut Gute (Wünschenswerte) betrachten, werden wir die Barriere überschreiten und in die Spiritualität eintreten.

Die Frage ist, was der schnellste und schmerzloseste Weg zur Erkenntnis des Bösen ist. Hier kommt die Kabbala ins Spiel. Ihr Nutzen besteht darin, dass sie Sie über die menschliche Natur unterrichtet, ohne dass Sie das Böse physisch erfahren müssen. Darauf beruht der Ausspruch der Kabbalisten, dass wir nicht unbedingt leiden müssen, um voran zu schreiten; wir können stattdessen studieren.

In diesem Sinn sind die Menschen das Ende der Schöpfung, weil sie sie korrigieren. Weil Menschen in der Lage sind, sich dem Schöpfer anzugleichen, übergibt der Schöpfer ihnen die Führung über die Schöpfung, sobald sie korrigiert sind. So wird der Vorteil des Bösen erst dann begriffen, wenn der Egoismus als treibende Kraft zum Schöpfer erkannt wird. Andernfalls ist das Böse schlecht. Und es bringt Böses hervor, wie die egoistischen Handlungen in der Vergangenheit zeigen.

Kabbalistische Begriffe

In der Kabbala bezieht sich „richtig" auf die Korrektur. Keiner wird Ihnen sagen, dass Sie oder das, was Sie tun, richtig oder falsch ist. Aber wenn Sie sich wünschen, „schöpfergleich" zu werden, dann haben Sie die richtige Handlung ausgeführt. Für Kabbalisten bedeutet Korrektur, die Absicht so zu verändern, dass man einen Wunsch anstatt „für sich selbst" „für den Schöpfer" nutzt.

Der Schöpfer vergrößert den Druck auf uns, damit wir Kontrolle über uns selbst übernehmen. Darum scheint diese Welt immer feindlicher zu werden. Der Schöpfer hat es so eingerichtet, damit Sie und ich beginnen, die Welt und uns selbst zu korrigieren. Hätte er es nicht so eingerichtet, würden Sie und ich in der Sonne sitzen und uns bräunen lassen. Obwohl das super klingt, bringt es uns dem Ziel, dem Schöpfer gleich zu werden, nicht näher – was aber das eigentliche Ziel des Schöpfungsgedankens ist.

Der Schöpfer will, dass wir an unserer eigenen Entwicklung Anteil nehmen. Wenn Sie dies beachten, werden all Ihre Berechnungen nicht mehr vertan sein. Stattdessen werden sie zu Werkzeugen, mit denen Sie sich mit dem Schöpfer in Verbindung setzen und Ihn erfahren können. Jedes negative oder böse Attribut in Ihnen wird letztendlich ein Mittel zum Zweck.

In der Kabbala gibt es keinen anderen Weg, mit dem Schöpfer in Verbindung zu treten als durch das Erkennen, dass unsere Eigenschaften negativ sind. Anders betrachtet, ist das Erkennen des Bösen der Anfang der Enthüllung des Guten.

Diese Erklärung der Absicht des Schöpfers lässt eine Frage offen: Wenn Er uns Vergnügen geben möchte, wie die Kabbalisten sagen, was ist dann an einer schönen Sonnenbräune falsch, wenn wir sie genießen? Nun, es gibt keinen Fehler darin, wenn es das ist, was Sie wirklich wollen. Aber wenn Sie im Hinterkopf eine Frage quält (während Sie am Strand liegen), und Sie keine Freude mehr am Sonnenbaden haben, dann brauchen Sie vielleicht etwas mehr, und vielleicht ist dieses Etwas die Kabbala. Wie Baal HaSulam sagt: Kabbala ist für diejenigen, die sich fragen (sogar unbewusst): „Was ist der Sinn meines Lebens?"

Sich gut fühlen, dann besser

Hinter all unseren Wünschen steht die Suche nach Befriedigung. Die Kabbala erklärt, dass das Leben auf nur einem Wunsch beruht: sich gut und unabhängig zu fühlen, egal, ob dieses gute Gefühl durch das Erreichen eines besseren Jobs, eines neuen Autos, eines Freundes oder durch erfolgreiche Kinder zustande kommt.

Wenn Sie beginnen, Spiritualität zu fühlen, ändert sich Ihre Stufe des Wunsches. Sie werden sehen, dass einige Wünsche wichtiger geworden sind und andere weniger wichtig. Sie beginnen, Ihr Leben nicht gemäß dem zu bewerten, was Sie in dieser Welt sehen und wissen, was Ihr physischer Körper in diesem Augenblick sieht, Sie beginnen die Dinge in einem viel breiteren Spektrum zu erfassen. Sie sehen, was Ihnen und den kommenden Generationen nützt und was nicht. Infolgedessen ändert sich Ihre Sichtweise auf die Umgebung.

Wenn Sie erkennen, dass Sie Teil einer einzigen Seele sind und dass die ganze Menschheit Teil dieser Seele ist, erkennen Sie, dass es in Ihrem Interesse liegt, den anderen Teilen zu helfen. Kurzum, die Kabbala hilft Ihnen dabei, das ganze Bild zu erkennen.

Es ist jedoch so, dass die Verlangen nach weltlichen Vergnügen umso größer werden, je mehr Sie nach Spiritualität streben. Ein Kabbalist ist keine Person ohne Wünsche nach Essen, Sexualität, Geld, Macht und Wissen. Im Gegenteil: Ein Kabbalist ist jemand mit viel stärkeren weltlichen Wünschen, als sie der Großteil der Menschen hat. Aber er hat eben auch den riesigen Wunsch nach Spiritualität, der viel größer ist als die Summe aller seiner weltlichen Wünsche. Dieser Prozess der Verstärkung dient dazu, dass Sie solch einen starken Wunsch nach Spiritualität entwickeln, dass Sie bereit sein werden, alles zu tun, um sie zu erreichen. Sie werden noch dazu alle Wünsche aufgeben, die nicht spirituell sind.

Aber um jene Wünsche aufzugeben, müssen Sie sie vorher erfahren haben. Das ist der Grund, warum Kabbalisten erklären, dass sich mit zunehmendem spirituellen Fortschritt auch Ihre weltlichen Wünsche vergrößern. Ein Kabbalist schreitet voran, wenn er die größten weltlichen Vergnügen erfährt und dann sein Bewusstsein darauf ausrichtet, dass es etwas gibt, das noch besser und größer ist als alle jene Vergnügen zusammen.

In der Spiritualität verhält es sich ebenso; die Wünsche ändern sich, wenn man heranwächst. Die ehemals ersehnten Gegenstände sind wie Spielsachen im Vergleich zu den Dingen, die Sie jetzt suchen. Diese Suche führt schließlich zum absolut Guten – dem direkten Kontakt mit dem Schöpfer, der durch die Angleichung der Form an Ihn, dadurch, so zu sein wie er, erreicht wird.

Eine Win-Win-Situation

Doch wenn der Schöpfer eine Welt erschuf, um Seinen Überfluss den geschaffenen Wesen zu schenken, was ist dann falsch daran, alles „für sich selbst" zu nehmen? Warum wird es als Übel oder Egoismus wahrgenommen? Warum war es notwendig, eine so unvollständige Welt und eine so verdorbene Entwicklung zu erschaffen, dass diese korrigiert werden muss?

Kabbalisten erklären, dass der Schöpfer Vergnügen erhält, indem er Seinen geschaffenen Wesen – uns – Freude bereitet. Wenn wir an der Tatsache Freude haben, dass unser Empfangen den Schöpfer erfreut, dann stimmen wir in den Eigenschaften und Wünschen mit Ihm überein. Auf diese Weise denkt jeder an den anderen, nicht an sich selbst, und dennoch erhält jeder noch Vergnügen; es ist ein Win-win-Situation.

Wenn Sex, Macht und Wissen nicht genug sind

Wenn Wünsche nach irdischen Freuden wie Essen, Sexualität, Familie, Reichtum, Macht und Wissen nicht den versprochenen Nutzen bringen, beginnt der „Punkt im Herzen" sich zu entwickeln. Es ist der Wunsch nach etwas Höherem, der dann erscheint, wenn all die irdischen Wünsche erschöpft sind.

Kabbalistische Begriffe

Die Kabbala unterscheidet den Wunsch nach dem Schöpfer von allen anderen Wünschen. Wünsche nach weltlichem Vergnügen werden „des Menschen Herz" genannt, während der Wunsch nach dem Schöpfer als „Punkt im Herzen" bezeichnet wird.

Der Punkt im Herzen

Der Punkt im Herzen entspricht dem Wunsch nach der Offenbarung des großen Geheimnisses – dem Schöpfer. Der Punkt im Herzen erwacht innerhalb der egoistischen Wünsche, die den Menschen nicht erfüllen können. Konfrontiert mit der Unfähigkeit, den Wunsch nach dem Schöpfer durch weltliche Mittel zu befriedigen, gelangt der Mensch zur letzten Stufe der Evolution des Willens zu empfangen.

Wenn das geschieht, fühlt der Mensch häufig Dunkelheit in seinem Inneren. Aber nicht, weil er etwa böse war. Das Gegenteil ist der Fall, denn dieser Mensch hat sich schon ein wenig korrigiert und etwas Licht angezogen; und dies beleuchtet die neu aufkeimenden Orte in der Seele. Doch weil diese Orte noch nicht korrigiert sind, werden sie häufig als „dunkles" Gefühl wahrgenommen. Wenn Finsternis erscheint, ist dies ein sicheres Zeichen dafür, dass Sie Fortschritte gemacht haben, und das Licht wird folgen.

In der Einführung zum Studium der Zehn Sefirot schreibt Baal HaSulam, dass es so ist, als würde der Schöpfer dem Menschen aus einem Spalt in einer Wand erscheinen und Hoffnung für den zukünftigen Frieden anbieten. In der Kabbala wird dies „die Hand auf das gute Schicksal legen" genannt.

Die Frage nach dem Warum

Spirituelle Funken
Der Mensch schaut auf die äußeren Erscheinungen, aber der Schöpfer sieht auf das Herz.
Samuel 1, 16:7

Die eigentliche Arbeit beginnt, sobald sich der Punkt im Herzen öffnet. In der Lehre der Kabbala steht die Absicht im Mittelpunkt. Wünsche erschaffen unsere Gedanken, aber unsere Absichten geben ihnen die Richtung. Dies wiederum bedingt unsere Handlungen und letztendlich unsere ganze Realität. Wenn Sie die Weisheit der Kabbala anwenden, konzentrieren Sie sich auf die Entwicklung Ihrer Absichten, die die Realität in einer Weise erhebt, in der Sie die Existenz der Höheren Welt, der Welt des Schöpfers erfahren.

In der Wissenschaft der Kabbala ist der Gedanke die Absicht, denn sie ist sein Ursprung. Im normalen Leben sind Gedanken gleichzusetzen mit den Überlegungen des Verlangens zu empfangen. Das Verlangen zu empfangen an und für sich ist nicht schlecht – so wurden wir erschaffen – und richtig eingesetzt ist es sowohl für uns als auch für den Schöpfer vorteilhaft. Wir müssen den Fokus unserer Aufmerksamkeit auf die Absicht legen, mit der wir unseren Wunsch nutzen.

In einfachen Worten müssen wir uns bewusst werden, weshalb wir tun, was wir tun, was wir davon haben wollen und wen wir erfreuen wollen – uns oder den Schöpfer. Diese Absicht gibt unseren Gedanken ein Ziel, und die Gedanken werden unsere ganze Realität bestimmen. Der einzige Teil, der in Wirklichkeit korrigiert werden muss, ist unsere Absicht. Daher sagen Kabbalisten, dass es keine Rolle spielt, was Sie tun. Wichtig ist nur, was Sie mit Ihrer Handlung beabsichtigen. Der folgende Teil wird sich damit befassen.

Verschmelzung mit dem Schöpfer

Von Anbeginn an war es die Absicht des Schöpfers, ein vollkommenes Verlangen zu erschaffen. Dies geschieht jedoch nur, wenn Ihre Absicht durch Ihre freie Wahl mit der Eigenschaft des Schöpfers (zu geben) übereinstimmt. Es setzt voraus, Ihren Wunsch nach Genuss für sich selbst in den Wunsch, dem Schöpfer Freude bereiten zu wollen, umzuwandeln. Und der Schöpfer ist zufrieden, wenn Sie Seine Qualitäten erwerben.

Mit dieser Absicht gleichen Sie sich stufenweise den Eigenschaften des Schöpfers an. Sie erlangen Vollkommenheit durch den richtigen Gebrauch Ihrer einzigen Eigenschaft: dem Empfangen von Freude. Das entspricht einer Änderung in der Absicht, einer Änderung im Ziel Ihrer Handlungen und nicht Ihrer Handlungen selbst. Das Ändern der Absicht eines Wunsches beinhaltet drei Phasen:

1. Das Vermeiden, das Verlangen in seiner ursprünglichen Form zu nutzen.
2. Den Wunsch „für sich zu genießen" von den Wünschen, die dem Schöpfer Genuss bereiten, zu trennen.
3. Korrektur der Absicht der Wünsche, die es wert sind, und Verwirklichung der Gleichheit mit dem Schöpfer in diesen Wünschen. In der Kabbala wird dies „Verschmelzung mit dem Schöpfer" oder „Enthüllung des Schöpfers" genannt.

Wenn Sie die spirituelle Welt betreten, wenden Sie sich von dem Bild der Realität, mit dem sie geboren wurden, ab. Stattdessen lernen Sie die Kräfte kennen, die das Bild malen. Sie machen Bekanntschaft mit dem Künstler. Sie bekommen die Eigenschaft, die Kräfte zu verbinden, die das Bild erschaffen, und sie letztendlich zu steuern. Sie verstehen, wie die Realität aufgebaut ist.

Dies gilt für die Gesellschaft als Ganzes und für jeden Einzelnen. Heute haben viele unter uns bereits die Stufen 1-4 vollendet und begeben sich jetzt auf die fünfte, die spirituelle Stufe. Das ist die Zeit, in der sich der Mensch die Frage stellt, wofür er lebt. Unser folgendes Kapitel wird die wichtigsten Punkte in der Entwicklung der Kabbala und ihrer Kongruenz mit der Geschichte der Menschheit erforschen.

Zusammenfassung

- Es gibt fünf Stufen der Verlangen: Essen und Sex, Reichtum, Macht, Wissen und Spiritualität. Das einzige, das wir dauerhaft stillen können, ist das letzte.
- Unsere Vergangenheit ist eine Geschichte des steten Wachstums unserer unerfüllbaren Wünsche.
- Durch Ihre negativen Eigenschaften werden Sie schließlich den Schöpfer erkennen.
- Der Wunsch nach weltlicheren Dingen führt notwendigerweise zu noch größerer Leere, weil unser wahrer, unbewusster Wunsch der Enthüllung des großen Geheimnisses der Schöpfung gilt.
- Die Absicht ist diejenige Kraft, die den Ausgang der Handlungen bestimmt – das Ziel hinter der Tat.

■ 5. Kabbala – Geschichte und wichtige Persönlichkeiten

Essenz

- Die Wirklichkeit entwickelte sich über den Gedanken zur Materie, zum Menschen
- Adam und Der Engel des Geheimnisses Gottes
- Abraham und Das Buch der Schöpfung
- Moses und Die Tora
- Shimon Bar-Yochai und Das Buch Sohar
- Der ARI und Der Baum des Lebens

Die Kabbala spricht nicht über die physische Existenz des Universums, wohl aber über die Wirkung der spirituellen Welt auf die physische Welt. In diesem Kapitel erfahren Sie etwas über die Geschichte der Kabbala und die Menschen, die sie als Schlüsselfiguren in der menschlichen Entwicklung beeinflussten.

Vom ersten Gedanken zum ersten Menschen

Die Geschichte der Kabbala entspricht der Geschichte der Schöpfung. Der Schöpfungsgedanke lässt die Welt entstehen. Der Schöpfungsgedanke wird als „Wurzelphase" oder „Phase Null" bezeichnet. Phase Null erzeugt vier weitere Phasen, die dann die spirituelle Welt Adam Kadmon (der Erste Mensch) erschaffen. Aus Adam Kadmon entstehen vier weitere spirituelle Welten mit den Namen Azilut, Briah, Yetzira und Assiya.

Am Ende der Welt Assiya findet sich der „Punkt dieser Welt", welcher sich in das materialisierte, was Sie und ich unter Universum verstehen. Innerhalb unseres Universums existiert eine Galaxie mit dem Namen „Milchstraße", und in dieser Galaxie gibt es den kleinen Planeten Erde. Die Entwicklung der Erde von der feurigen Lava bis zum Abkühlen der Meere, dem Auftürmen der Berge und dem Zerfallen der Landmassen in die Kontinente dauerte viele Millionen Jahre.

Es ist die physische Entwicklung, die mit der Entwicklung der spirituellen Wurzelphase parallel verläuft. Als sich die Erde abkühlte, entwickelte sich das pflanzliche Leben, welches fortan für mehrere Millionen Jahre den Globus beherrschte. Später erschienen die ersten Tiere.

Das letzte Tier der Evolution, Sie werden es bereits erraten haben, war der Mensch. Menschen tauchten zum ersten Mal vor mehreren Zehntausenden von Jahren auf. Zuerst lebten sie wie Tiere und ernährten sich von dem, was gerade verfügbar war. Allmählich entwickelten sich die Menschen weiter und wurden zum ersten Geschöpf, das sich Fragen über die Herkunft seiner eigenen Existenz stellte. Der Name des ersten Menschen, der sich fragte, woher er kam, war Adam. Ja, dieser Adam. Aus diesem Grund wird Adam von Kabbalisten als die erste Person bezeichnet, die Spiritualität erreichten, die Quelle ihrer eigenen – und Ihrer – Existenz ergründete.

Wenn Sie auf diese kurze Geschichte der Evolution zurückblicken, stellen Sie vielleicht fest, dass es immer fünf Phasen gibt, bevor eine große Veränderungen auftritt. Kabbalisten beschreiben diese fünf Phasen als fünf spirituellen Welten und fünf Phasen in der physischen Welt: unbelebt, pflanzlich, tierisch, menschlich und spirituell.

Praktische Umsetzung

Wenn wir über die Entwicklung vom Leblosen über das Pflanzliche, Tierische bis hin zum Menschen sprechen, denken wir automatisch an Darwin oder die aus unseren Glaubenssystemen entspringenden Schöpfungsinterpretationen. Aber Sie sollten wissen, dass gemäß der Kabbala der einzige Grund für das Hervortreten einer neuen Entwicklungsstufe die Vollendung der vorherigen Stufe ist. Wenn eine Phase vollendet wird, ist dies der Antrieb für das Erscheinen einer neuen Stufe.

Adam

Adam, der Lebensgefährte von Eva und vorübergehende Bewohner des Gartens Eden, markiert das Ende der Evolution und damit den Beginn der spirituellen Phase. In der Kabbala wird Adam als die Wurzelphase der menschlichen Spiritualität betrachtet. Deshalb wird er auch Adam haRishon, der „Erste Mensch", genannt.

Adam war auch der erste Mensch, der ein Kabbalabuch schrieb: HaMalaach Raziel (Der Engel des Geheimnisses Gottes), ein kleines Buch, das einige Zeichnungen und Tabellen enthielt. (Obwohl die Kabbalisten diese Arbeit Adam zuschreiben, gibt es keinen schriftlichen Beweis, dass er tatsächlich dessen Autor ist). Der Name HaMalaach Raziel entstand aus den hebräischen Wörtern „Malaach" (Engel), „Raz" (Geheimnis), und „El" (Gott). HaMalaach Raziel offenbart uns die Geheimnisse des Schöpfers.

Die kabbalistische Tradition besagt, dass Adam HaMalaach Raziel vor mehr als 5.769 Jahren schrieb. Adam verwendete Allegorien und Metaphern, um uns zu erzählen, wie er fühlte, dass er in zwei Welten, der irdischen und der spirituellen, lebte. Er fühlte die gesamte Höhere Existenz, aber er konnte sie nicht so beschreiben, dass wir es heute verstehen könnten. Er erspürte sie mit seinen Gefühlen und schilderte sie uns, so gut er konnte.

Wenn Sie in HaMalaach Raziel lesen, ist es offensichtlich, dass der Autor kein unzivilisierter, ungebildeter Mammutjäger war. Adam war ein Kabbalist hohen Grades, welcher die grundsätzlichen Geheimnisse der Entwicklung auf seiner spirituellen Reise entdeckte. Er studierte die Höhere Welt, in der sich unsere Seelen vor ihrem Abstieg in diese Welt befanden und wohin sie nach dem körperlichen Tod zurückkehren. Nach Adams Erkenntnis werden sich diese Seelen wieder zu einer Seele vereinen und etwas erschaffen, das wir „Mensch" nennen, von dem wir aber nur noch Bruchstücke sind. In Kapitel Acht erfahren wir mehr darüber, wie dies funktioniert.

Tipps und Tricks

Kabbalistische Bücher sind voll gepackt mit bildhaften Beschreibungen von Eseltreibern bis zu fliegenden Türmen. Infolgedessen können wir uns leicht zu Schlussfolgerungen verleiten lassen, dass es Welten gibt, in denen diese Dinge tatsächlich auf physischem Niveau geschehen. Sie tun es nicht. Alle Geschichten in der Kabbala beschreiben die Verbindung des Menschen mit dem Schöpfer, seine Stufe des Altruismus und die Anstrengungen, ein Altruist zu werden. Daher ist es für Sie wichtig, mit einem Lehrer zu studieren, der Ihnen die richtigen Erklärungen geben kann und Sie auf die Erde zurückholt.

Abraham

Abraham kam 20 Generationen nach Adam und war der erste, der organisierten Kabbalaunterricht abhielt. Er staunte über die Wunder der menschlichen Existenz, stellte sich Fragen über den Schöpfer und entdeckte so die Höheren Welten.

Abraham übermittelte seine Methode zur Erkenntnis der Höheren Welten an die folgenden Generationen. Auf diese Weise wurde die Kabbala über viele Jahrhunderte von Lehrer zu Schüler übertragen. Jeder Kabbalist fügte dieser Sammlung von Erkenntnissen seine einzigartige Erfahrung und Persönlichkeit hinzu.

Abraham lebte in Mesopotamien (dem heutigen Irak) und wie alle Einwohner betete er die Sonne, den Mond, die Steine und die Bäume an. Doch eines Tages fragte er sich: „Wie wurde die Welt geschaffen?", „Warum dreht sich alles um uns?" und „Was ist der Sinn des Lebens?" Es muss tatsächlich eine Bedeutung im Leben geben, einen Anfang, ein Ende, eine Ursache und deren Wirkung. Es muss eine Kraft geben, die alles in Bewegung bringt! Abraham stellte sich jene Fragen, sah und fühlte schließlich durch das Bild unserer Welt dasselbe wie Adam, dass er nämlich gleichzeitig in zwei Welten lebte, in der spirituellen und der materiellen.

Ja, es waren immer dieselben Fragen, die der Kabbala zu ihrem heutigen Stellenwert verhalfen.

Wie all die Kabbalisten nach ihm schrieb Abraham über seine Eindrücke. Sein Buch Sefer Yezira (Das Buch der Schöpfung) ist ein weiterer wichtiger Text nach HaMalaach Raziel. Sefer Yezira ist im Vergleich zu vielen anderen Kabbalabüchern aber ein eher kurzer Text. Abraham schrieb dieses Buch nicht, um über die Erkenntnis der Höheren Welten zu lehren, sondern um einige grundlegende

Gesetzmäßigkeiten zu skizzieren, die er hinsichtlich der spirituellen Welt erfasste.

Die Kabbalisten betrachten dieses Buch als schwer verständlich, weil es für Menschen geschrieben wurde, die vor Tausenden von Jahren lebten; damals waren die Seelen nicht so grob, wie sie es heute sind. Sie konnten das Buch trotz seines geringen Umfangs verstehen. Heute brauchen wir dafür einen viel ausführlicheren und erklärenden Text. Das ist auch der Grund, warum Baal HaSulam Kommentare zum Buch Sohar und Baum des Lebens schrieb.

Abraham verbreitete seine Kenntnisse über die Spiritualität. Es steht geschrieben, dass er vor seinem Zelt saß und die Menschen hinein bat. Dort sprach er über die jenseitige Welt und seine Erfahrungen. Schließlich wurden die Gäste, die Abraham in sein Zelt eingeladen hatte, zur ersten „Studiengruppe" in der Geschichte der Kabbala.

Moses

Der Name Moshe (Moses) kommt von dem hebräischen Wort „Moshech" (das Ziehen), wie das Herausziehen aus dieser Welt, aus dem Vergänglichen, dem von der Zeit Abhängigen. Moses wurde befohlen, seine Erkenntnisse schriftlich zu veröffentlichen und Lernzentren zu gründen.

Moses hatte 70 Schüler, und Yehoshua Ben Nun (Joshua, Sohn des Nun) war derjenige, der ihm nachfolgte. Moses tat mehr als die Höhere Welt nur zu erforschen. Er beschäftigte sich auch mit der praktischen Umsetzung seiner Erkenntnisse, wie zum Beispiel beim Auszug aus Ägypten. Durch seine Weisheit und mit Hilfe der Höheren Kräfte, die er von Oben empfing, brachte er die Menschen Israels aus dem Exil.

Danach schrieb er ein Buch, mit Hilfe dessen jeder Mensch die Höhere Welt „erobern" konnte. Man konnte Ägypten geistig verlassen und aufhören, Götzen anzubeten. Man bekam Zugang zum spirituellen Israel – Azilut, einer Welt der Ewigkeit und Ganzheit.

In der Tora (Fünf Bücher Moses, Pentateuch), deren Name das Wort „Or" (hebräisch für „Licht") beinhaltet, findet der Mensch Mittel für seinen Fortschritt in der spirituellen Welt; denn jeder Mensch ist fähig, mit Hilfe des Lichts das gesamte Bild der Schöpfung selbst zu enthüllen. Sie können das gewünschte Ergebnis und das endgültige Ziel erreichen, indem Sie einfach nur lesen und die Anweisungen richtig deuten. Damit sind Sie in der Lage, die spirituelle Stufe Moses zu erreichen.

Rashbi (Rabbi Shimon Bar-Yochai)

Das Buch Sohar (Das Buch des Glanzes) ist das nächste und wahrscheinlich berühmteste Werk in der Kabbala und wurde von Rabbi Shimon Bar-Yochai (der „Rashbi") um das Jahr 150 v. Ch. geschrieben. Rashbi war ein Schüler von Rabbi Akiva (40 – 135 v. Ch.), welcher in erster Linie wegen seiner Ausführungen zur Regel „Liebe deinen Nächsten wie dich selbst" berühmt wurde.

Rabbi Akiva erlitt ein grausames Schicksal. Er und mehrere seiner Schüler wurden gefoltert und von den Römern getötet, da sich diese durch Akivas Kabbalaunterricht bedroht fühlten. Sie zogen ihm die Haut ab und schälten seine Knochen mit einem Eisenstriegel, den sie für gewöhnlich für ihre Pferde verwendeten.

Wissenswertes

Akademiker und Kabbalisten sind sich uneinig über die Herkunft des Buches Sohar. Kabbalisten führen den Sohar auf Rabbi Shimon und die Akademie von Rabbi Moshe de Leon aus Spanien (13. Jh.) zurück. Baal HaSulam stellt klar fest, dass der Sohar auf höchster spiritueller Stufe geschrieben wurde. Nur eine so entwickelte Seele wie Rabbi Shimon, und nicht ein Kabbalist der Stufe von Moshe De Leon könne es geschrieben haben, obwohl auch letzterer ein respektierter Kabbalist war. Baal HaSulam sagte sogar, dass der Sohar von einer solch hohen Stufe aus geschrieben wurde, dass es ihn nicht überraschen würde, dass Moses selbst ihn schrieb.

In der Höhle

Eine Plage tötete fast alle 24.000 Studenten Rabbi Akivas. Kabbalisten sahen in dieser Plage die Auswirkungen ihres wachsenden Egoismus, der sie zum grundlosen Hass führte. Das war das Gegenteil der Regel ihres Lehrers „Liebe deinen Nächsten wie dich selbst."

Rabbi Akiva und Rabbi Yehuda Ben Baba (s. Original S. 55) bevollmächtigten Rabbi Shimon Bar-Yochai, zukünftige Generationen die Kabbala zu lehren. Rashbi zog sich mit einer Handvoll Schülern, die die Plage überlebt hatten, vor den Römern in eine Höhle zurück. Sie lebten dort viele Jahre lang und nach der Überlieferung entstand dort das Buch Sohar.

Nach 13 Jahren hatten sie gehört, dass die Römer nicht mehr nach ihnen suchten, und traten aus der Höhle hervor. Danach versammelte Rabbi Shimon Bar-Yochai noch weitere acht Männer um sich und begab sich zu einer kleinen

Höhle in Meron, einem Dorf im nördlichen Israel. Mit der Hilfe seines Sohns Rabbi Elazar und der anderen acht Männer schrieb Rabbi Shimon Bar-Yochai die Krönung aller Kabbalabücher, das Buch Sohar, um es sofort nach seiner Fertigstellung wieder zum Verschwinden zu bringen.

Rashbi schrieb den Sohar nicht selbst; er diktierte das Buch Rabbi Aba, der es auf solche Art und Weise zu verfassen wusste, dass nur diejenigen, die des Verstehens würdig waren, es erfassten. Nachdem der Sohar fertig war, sahen Rashbi und seine Schüler, dass die Menschen noch nicht für den Inhalt bereit waren, und sie versteckten das Buch, bis die Zeit reif würde. Viele berühmte Kabbalisten behaupten, dass dieser Zeitpunkt nun gekommen sei. Und tatsächlich ist die Nachfrage nach dem Sohar heute größer denn je.

Wissenswertes

Der Sohar verschwand für Hunderte von Jahren, bis er von Arabern gefunden wurde, die seine Seiten zum Einpacken von Fisch auf dem Markt verwendeten. Später wurde er von einem hungrigen Kabbalisten entdeckt.

Frühes Wiederauftauchen

Das Buch wurde also rein zufällig wiedergefunden. Es fiel in die Hände des Kabbalisten Rabbi Moshe De Leon, der es behielt und es im Geheimen studierte. Als er starb, verkaufte seine Frau das Buch, um ein bisschen Geld zu verdienen (über die Bedeutung dieses Buches hatte ihr Mann wohl nichts gesagt). Das ist auch der Grund, warum der Sohar häufig Moshe De Leon zugeschrieben wird, obwohl er selbst ihn Rashbi zuschrieb.

Der Sohar selbst stellt fest, dass er für jene Zeit geschrieben wurde, wenn chutzpah (Frechheit) zunimmt und die lebende Generation das Gesicht eines Hundes trägt. Als bekannte Kabbalisten wie der Vilna Gaon, Baal HaSulam und andere in die Zukunft sahen, erklärten sie die gegenwärtige Generation als diejenige, auf die sich der Sohar bezog. Verständlicherweise meinten sie dies nicht als Kompliment.

Rabbi Izchak Luria (der ARI)

Die Periode des „ARI" (Rabbi Izchak Luria) ist für die Kabbala unserer Generation äußerst wichtig. Der ARI verkündigte den Anfang eines Zeitabschnitts, in der die Massen öffentlich Kabbala studieren würden.

Bis zur Ankunft des ARI war die Studienmethode des Ramak (Rabbi Moshe Cordovero) von Safed vorherrschend. Es war eine Methodik, durch die ein Kabbalist die Höhere Welt auf einfache Weise und fast intuitiv erfuhr. Als der ARI nach Safed kam, war klar, dass sich die Zeiten geändert hatten. Um die Mitte des 15. Jahrhunderts entwickelte sich die Welt langsam in Richtung Wissenschaft und Industrie. Der ARI begriff, dass das Kabbalastudium nach einer neuen und systematischeren Methode verlangte, den Bedingungen eines neuen und wissenschaftlicheren Zeitalters entsprechend. Nicht alle hatten so enthusiastisch zugestimmt, aber sogar der Ramak selbst, bis dahin der vorherrschende Kabbalist seiner Zeit, gab seine eigene Methode auf und übernahm den neuen Weg von ARI. Viele runzelten die Stirn, aber der 36jährige ARI wusste, was die Generation brauchte, und der Ramak erkannte dies ebenfalls an.

Eine Methode zur passenden Zeit

Rabbi Izchak Luria wurde 1534 in Jerusalem geboren. Als sein Vater starb, war er noch ein Kind. Seine Mutter brachte ihn nach Ägypten, wo er im Haus eines Onkels aufwuchs. In Ägypten trieb er zwar Handel, aber er widmete den größten Teil seiner Zeit dem Studium der Kabbala. Eine Legende besagt, dass er sieben Jahre lang in Einsamkeit auf der Insel Roda auf dem Nil lebte, wo er den Sohar, die Bücher der ersten Kabbalisten und die Schriften des Ramak studierte.

Der ARI kam 1570 nach Safed in Israel. Trotz seiner Jugend begann er sofort, die Kabbala zu unterrichten. Eineinhalb Jahre lang brachte sein Schüler, Rav Chaim Vital, die Antworten auf viele der Fragen, die während seiner Studien entstanden, zu Papier. Tatsächlich schrieb der ARI nichts selbst. Die Schriften des ARI sind eigentlich die Niederschriften von Chaim Vital während seines Studiums mit seinem Meister.

Die wichtigen Arbeiten von ARI schließen 'Der Baum des Lebens', 'Mavo She'arim' (Eingang zu den Toren), 'Sha'ar HaKavanot' (Das Tor der Absichten) und 'Sha'ar HaGilgulim' (Das Tor der Reinkarnation) ein. Das Einzigartige von ARIs Methode liegt in ihrer systematischen Ordnung, die dem herannahenden Zeitalter der wissenschaftlichen und industriellen Revolution entsprach.

Heute ist die „Lurianische Kabbala" die Hauptstudienmethode der Kabbala, da sie an die Seelen der heutigen Menschheit angepasst ist. Der ARI starb 1572 als junger Mann an einer akuten Erkrankung.

Die Schriften der Kabbala werfen ein einzigartiges Licht auf die Geschichte und man kann sagen, dass sie eine Geschichte des Lichts des Schöpfers beinhalten. Während einer langen Zeit war die Kabbala jedoch verborgen, sie wurde im Verborgenen studiert, abseits der Öffentlichkeit. Sie war eine Privatangelegenheit und meistens sogar geheim.

Mit den Vorhersagen des Sohar und den Arbeiten des ARI war die Kabbala dafür bestimmt, die gesamte Menschheit zu erleuchten. Dieses Unterfangen setzte Rabbi Yehuda Ashlag fort, der, wie das nächste Kapitel zeigt, das Studium der Kabbala für mehr Menschen denn je öffnete.

Zusammenfassung

- Die Entwicklung gemäß der Kabbala besteht aus fünf Phasen.
- Adam war der erste Kabbalist und es wird gesagt, er sei der Autor des Buches 'Der Engel des Geheimnisses Gottes'.
- Abraham rief durch seinen Unterricht die erste „Kabbalagruppe" ins Leben und schrieb Das Buch der Schöpfung.
- Moses ist die Kraft, die uns aus dem Egoismus in die Spiritualität zieht. Er schrieb Die Tora (Fünf Bücher Moses, Pentateuch).
- Das bahnbrechende Buch in der Kabbala, der Sohar, sagte sein eigenes Wiederauftauchen am Ende der Zeit voraus. Kabbalisten sagen, dass das Ende der Zeit nun angebrochen sei.
- Der ARI entwickelte den wissenschaftlichen Ansatz, Kabbala zu unterrichten. Er ist für sein Buch Der Baum des Lebens berühmt.

■ 6. Baal HaSulam

Essenz

- Das Ziel der Kabbala
- Der Nutzen von Kabbalabüchern
- Baal HaSulam und seine Kommentare zum Sohar und den Schriften des ARI
- Die Mission von Baal HaSulam
- Die Dringlichkeit der Enthüllung der Kabbala

Die Kabbala war nicht immer so populär wie heute. Am Anfang interessierten sich nur jene Menschen dafür, die leidenschaftlich nach der Bedeutung ihres Lebens suchten. Diese ersten Kabbalisten entwickelten die Kabbala über Generationen hinweg und adaptierten sie für die sich ändernden Zeiten. Für die heutige Generation stellt sie nun einen wissenschaftlichen Ansatz zur Verfügung. Dieses Kapitel führt in die kabbalistische Textarbeit ein und beschreibt, wie sie sich im Laufe der Jahrhunderte entwickelt hat, um die Weisheit für jeden verfügbar und zugänglich zu machen.

Dieses Kapitel erörtert insbesondere die Arbeit des „universellsten" aller Kabbalisten: Rav Yehuda Ashlag. Rav Ashlag erklärte deutlich, dass das Studium der Kabbala für alle verfügbar sein müsse und die Kabbala daher offen gelegt und verbreitet werden könne. Jeder solle – unabhängig von Alter, Rasse, Geschlecht oder Religion – in die Lage versetzt werden, sich mit dem Studium der kabbalistischen Konzepte auseinanderzusetzen.

Das Ziel der Kabbala

Das Ziel der Kabbala ist es, eine Methode für den Menschen zu schaffen, spirituelle Erfüllung zu finden. Wie Sie inzwischen wissen, bedeutet Kabbala „empfangen". Der Sinn des Menschen in dieser Welt liegt darin, die höchste Stufe der Spiritualität zu erreichen.

Gemäß der Kabbala werden die Seelen so oft in dieser Welt wiedergeboren, bis ihr wahres Ziel erreicht ist. Das spirituelle Ziel unterscheidet sich von materiellen und intellektuellen Sehnsüchten. Wie in Kapitel 4 gezeigt, beschreibt die Suche nach Spiritualität die Endphase der menschlichen Entwicklung. Die Kabbala leitet und bietet einen Pfad der spirituellen Verwirklichung an.

Was Kabbalabücher für Sie tun können und was nicht

Kabbalistische Schriftsteller beschreiben ihre Erfahrungen und bieten Empfehlungen an, damit andere ihrem Weg folgen können. Kabbalistische Bücher sind Zusammenfassungen ihrer Reisen in die Höhere Welt.

Kabbalistische Bücher verwenden auch Zeichnungen, um die spirituellen Konzepte und Ereignisse darzustellen. Es ist wichtig, daran zu denken, dass die Formen in den Zeichnungen keine echten Gegenstände darstellen, sondern Abbildungen, die die spirituellen Phasen in der Beziehung mit dem Schöpfer erklären.

Aber kabbalistische Bücher zeigen Ihnen nur einen Teil des ganzen Bildes. Das Jenseitige – das Verborgene – muss jeder Mensch für sich selbst erfahren. Kabbalisten sehen ihre Aufgabe darin, Sie an einen Ort zu bringen, den Sie selbst erleben und bestaunen können.

Deshalb liefern die Texte nur unvollständige Beschreibungen. Sie zeigen nur das, was man für eine selbstständige spirituelle Entwicklung braucht. Solche „didaktischen" Texte sind Rashbis Buch Sohar, ARIs Baum des Lebens und Yehuda Ashlags Studium der Zehn Sefirot.

Tipps und Tricks

Der Gebrauch von weltlichen Begriffen in der Kabbala, wie das Trinken, das Sitzen, Paarung und die Tiernamen, führen zu falschen Vorstellungen und falschen Schlussfolgerungen, denn wir denken dadurch an physische Objekte, als hätten sie irgendwelche spirituelle Bedeutung. Doch sie tun es nicht. Sie symbolisieren nur spirituelle Phasen. Folglich verbietet die Kabbala uns, durch Namen, die in unserer Welt üblich sind, eine Verbindung zu deren spirituellen Wurzeln herzustellen. Das wird als der größte Fehler in der Kabbala betrachtet.

Wurzeln von oben bis unten

Die Kabbala erklärt, dass die Wurzeln unserer Welt spirituellen Wurzeln entsprechen, die von Oben absteigen. Diese Wurzeln stammen aus einer Quelle, die jenseits dieser Welt liegt. Stellen Sie sich vor, dass Wurzeln von der Außenseite einer Luftblase in ihr Inneres wachsen. Da Sie sich mitten in der Schöpfung befinden, im Inneren der Luftblase, wachsen die Wurzeln auf sie zu – vergleichbar mit Luftschlangen, die man auf Partys benutzt.

Durch die Kabbala enthüllt der Schöpfer Seinen Geschöpfen (uns) Seine Göttlichkeit. Jede Wurzel hat ihren eigenen Zweig in dieser Welt, und alles in dieser Welt ist Zweig einer Wurzel in der Spiritualität. Auf diese Weise „verwenden" Kabbalisten diese Welt, um mit dem Schöpfer zu kommunizieren und Seine Eigenschaften erlangen zu können.

Um „Missverständnisse" mit dem Schöpfer zu vermeiden, muss man wissen, welcher Zweig zu welcher Wurzel gehört. Die Ankunft des ARI und Rav Ashlags kennzeichnete eine Verschiebung zu einer neuen und klareren Ausdrucksweise in der Kabbala. Kabbalisten beschreiben ihre inneren Erfahrungen und Erkenntnisse, indem sie Metaphern und eine für die Seelen ihrer Zeit passende Sprache verwenden. Mit der Zeit wurden ihre Texte unklar, weil sich die Seelen der Menschen weiterentwickelten und nach neuen Erklärungen suchten. Das verlangte von erfolgreichen Kabbalisten neue Interpretationen, damit die spirituelle Reise klarer und zugänglicher für alle würde. Das ist auch der Grund, warum Rav Ashlag einen Kommentar zum Baum des Lebens schrieb, der in seiner Hauptarbeit Das Studium der Zehn Sefirot veröffentlicht wurde.

Rav Ashlags Kommentar zum Baum des Lebens berichtet ausführlich über die Stufen, Ereignisse und Formen der Entwicklung des Lebens, die ursprünglich vom ARI beschrieben wurden. Ashlag ging mit Rashbis Sohar ähnlich vor: Er nahm den Text von Rashbi und erklärte ihn in einem Kommentar, den er HaSulam (Die Leiter) nannte. Das ist der Grund, warum Rav Yehuda Ashlag auch als Baal HaSulam (Herr der Leiter) bekannt ist.

Der große Kommentator

Geboren 1884 in Warschau, Polen, studierte Baal HaSulam die Kabbala mit Rabbi Yehoshua von Porsov und vertiefte sich ins schriftliche und mündliche Gesetz. Er wurde schon im Alter von 19 Jahren Richter und Lehrer. 1921 emigrierte er mit seiner Familie (einschließlich seines erstgeborenen Sohns Baruch, der später sein Nachfolger wurde) nach Israel (welches einst Palästina genannt wurde) und wurde Rabbi von Givat Shaul in Jerusalem. Während er viele andere wichtige Arbeiten wie Das Studium der Zehn Sefirot schrieb, begann er 1943 auch den Sulam Kommentar zum Sohar. Er stellte ihn zehn Jahre später fertig. Im folgenden Jahr starb er und wurde in Jerusalem begraben.

Baal HaSulam ist der einzige, der vollständige Kommentare zum Sohar und den Schriften des ARI verfasste. Seine Bücher erlauben Kabbalisten, alte Texte in moderner Sprache zu studieren, und sind unentbehrliche Werkzeuge für diejenigen, die nach Spiritualität streben.

In seinem Artikel „Zeit zu Handeln" erklärt Baal HaSulam, dass vor dem Buchdruck, als Abschreiber in Mode waren, sich keiner die Mühe gemacht habe, ein Buch mit „unverständlichen" Inhalten zu kopieren; es war die Zeit, den Aufwand und das Kerzenwachs nicht wert. Als sich jedoch der Buchdruck entwickelte, gab es viele Autoren, die zunehmend kabbalistische Texte veröffentlichen konnten.

Durch die vielen Menschen, die sich in der Folge in Interpretationen versuchten, entwickelte sich eine Atmosphäre der Leichtsinnigkeit rund um die Kabbala. Um dem entgegenzuwirken, wollte Ashlag die wahre Essenz der Kabbala offen legen.

In seiner Einführung in das Buch Sohar sagt Ashlag, dass er Kabbalabücher verfassen müsse, weil jede Generation ihre eigenen Bedürfnisse habe und daher entsprechende Bücher benötige. Dies gilt auch für unsere Generation. Da die Bücher des ARI und Das Buch Sohar vor vielen Hunderten von Jahren verfasst wurden, sah er es als seine Aufgabe, sie für uns zu interpretieren. So sind wir heute in der Lage, das Wissen der alten Kabbalisten zu nutzen und die spirituellen Welten selbständig zu erforschen.

Tipps und Tricks

Heute ist die Kabbala populärer denn je – ja, sie hat beinahe traurige Berühmtheit erlangt. Sollte bloß der Name „Kabbala" der Grund für Ihr Studium sein, werden Sie wahrscheinlich enttäuscht sein. Die Kabbala bietet keine oberflächlichen Antworten und nähert man sich ihr, nur um dem Modetrend zu folgen, wird man vermutlich in einer Sackgasse landen. Wenn Sie jedoch aus tiefstem Herzen danach streben, mit Ihrer eigenen spirituellen Natur in Berührung zu kommen, werden Sie durch das Studium der Kabbala vollständige Zufriedenheit erlangen. Aber selbst wenn Sie nach seichten Antworten suchen, werden Sie wahrscheinlich Nutzen daraus ziehen.

Die Kabbala ist heute nicht nur durch die große Anzahl an falschen und ungenauen Büchern bekannt. Ashlag erklärt in seiner Einführung zum Buch Sohar und in vielen seiner Aufsätze, dass das Verbreiten der Kabbala heutzutage ein Muss sei. Die Zeit sei gekommen, wie der Prophet Jeremias schrieb, „denn alle werden sie Mich kennen, vom Kleinsten bis zum Größten."

Wir können uns Zeit lassen und abwarten, doch dieser Weg sei gemäß Ashlag sehr beschwerlich, denn die Natur selbst würde uns notgedrungen zur Entwicklung drängen. Eine Alternative sei, die Gesetze der Natur freiwillig zu erlernen und anzuwenden. Dies würde uns nicht nur Schmerzen ersparen, sondern uns viel mehr befähigen, die Güte des Schöpfers zu genießen. Alte Kabbalisten nennen diese beiden Möglichkeiten „zu gegebener Zeit" oder „die Zeit beschleunigen".

Zusammenfassung

- Die Kabbala stellt eine Methode zur Verfügung, um spirituelle Erfüllung zu erreichen.
- Rav Yehuda Ashlag ist für seine zeitgemäße Interpretation alter und schwierig zu verstehender Texte bekannt.
- Das Kabbalastudium hat sich zu einer systematischen und wissenschaftlichen Methode entwickelt.
- Die Weisheit der Kabbala verschwindet und erscheint wieder, wenn die Zeit reif ist, sie zu verstehen – und nun ist die Zeit reif.

Teil Zwei
Bevor es Zeit gab

Neugierig, warum wir erschaffen wurden?

Seit Anbeginn der Zeit stellt sich der Mensch Fragen

über den Sinn des Lebens und warum wir hier sind.

Die Antworten sind oft überraschend einfach

und klar. Kabbalisten bemühen sich seit jeher,

den Sinn des Lebens zu verstehen.

Alles, was Sie tun müssen, um selbst Erkenntnis

zu erlangen, ist danach zu fragen –

sich danach zu sehnen.

In diesem Abschnitt werden Sie authentisches

Kabbalawissen erlangen und einige Antworten

auf jene uralten Mysterien finden.

■ 7. Die Leiter runter und rauf

Essenz

- Wir stiegen die Leiter hinab; jetzt können wir sie verwenden, um wieder aufzusteigen
- 125 spirituelle Stufen
- Reshimot – Ihre spirituelle Datenbank – und was Sie mit ihr tun können
- Freie Wahl und die Wahl Ihrer Freunde

In seiner Einführung in das Buch Sohar beschreibt Baal HaSulam drei Zustände, die Seelen erleben. Der erste Zustand ist der Anfang der Schöpfung, die alles enthält, was sich später in der Seele entwickeln wird – wie ein Samen die Pflanze in sich birgt, die aus ihm hervorgeht. Der zweite Zustand entspricht der Geburt der Seele, vergleichbar mit den Wachstumsstufen des Samens. Der dritte Zustand ist, wenn die Seele ihr höchstes Potenzial erkennt, die Stufe des Schöpfers erreicht und mit Ihm verschmilzt. Im dritten Zustand kehrt die Seele zum ersten Zustand zurück, aber dieses Mal ist es eine bewusste, selbst gewählte und reife Handlung.

Diese Entwicklung ist dem Wachstum eines Babys ähnlich: Auf der ersten Stufe ist das Kind auf Höhe seiner Mutter, weil sie es an ihre Brust hält. Auf Stufe zwei steht das Kind bereits auf eigenen Füßen und beginnt, von unten zu wachsen. Auf der dritten und letzten Stufe ist das Kind völlig erwachsen geworden, erreicht noch einmal das Niveau der Mutter, aber dieses Mal als bewusster und reifer Erwachsener.

Eine Leiter mit fünf Sprossen

Der Zyklus der spirituellen Wirklichkeit ist einer Leiter ähnlich, die man vermutlich nicht beim Eisenwarenhändler um die Ecke erhält.

Das Spirituelle Licht befindet sich ganz oben auf der Leiter. Es ist der Startpunkt, die Null oder die „Wurzel" in der kabbalistischen Sprache, wie wir in Kapitel Fünf erklärt haben. Hier jedoch bezeichnen wir ihn als den Anfang des Kreises, daher die verschiedenen Termini. Kabbalisten verwenden häufig unterschiedliche Namen für dieselben spirituellen Zustände, um auf die sich ändernde Funktion der spirituellen Stufen hinzuweisen.

Das Licht steigt in vier Schritten in diese Welt herab: 1, 2, 3, 4. Weil der Zyklus mit der Wurzel oder Null beginnt, hat diese Leiter fünf Stufen und vier Sprossen. Eine Barriere am Ende von Phase 4 schrumpft das absteigende spirituelle Licht bis auf einen Bruchteil, der sich zu unserem Universum entwickelt.

Beachten Sie die Ähnlichkeit zu den fünf Stufen des menschlichen Verlangens, die in Kapitel Vier erläutert wurden. Die Kabbala ist ein System, in dem Zyklen eines Aspektes der Existenz mit Zyklen eines anderen zusammenpassen. Die fünf Stufen des Verlangens in unserer Welt entsprechen den fünf Zyklen in der spirituellen Wirklichkeit der Höheren Welten. Wie Sie überall in diesem Kapitel sehen werden, erscheint die Zahl 5 in der Kabbala auf unterschiedliche Weise und beschreibt verschiedene Aspekte der langen kabbalistischen Reise zur spirituellen Verwirklichung.

Der Bruchteil des Lichtes, das die Barriere durchbrach, entwickelte sich weiter fort und die Erde entstand. Der Planet erkaltete und vegetatives Leben erschien, dann Tiere, Menschen und schließlich Menschen, die die letzte Stufe der Evolution erreichen – den Wunsch nach der Enthüllung des letzten Geheimnisses. So kam der Schöpfer auf der Leiter nach „unten" zur Erde, und die Kabbala hilft uns, dem Schöpfer entlang der Leiter auf demselben Weg wieder „hinauf" zu folgen.

Fünf Phasen oder fünf Sefirot

Die Beziehung zum Schöpfer gründet auf der Basis des Gebens (Er war der Erste, der gab). Sie ist durch fünf Phasen der spirituellen Entwicklung gekennzeichnet. Der Startpunkt für Sie und mich ist das Empfangen. Der Schöpfer gibt und wir empfangen.

So entspricht die Phase Null dem Schöpfer, dem Wunsch zu geben, und freudiges Empfangen ist die Phase 1 im Zyklus der Spiritualität. Doch der Schöpfer gab dem Menschen mehr als den bloßen Wunsch zu genießen. Er gab uns den Wunsch, wie Er zu werden, denn was könnte besser sein als Ihm zu gleichen? Dem Schöpfer zu gleichen ist noch besser als bloßes Empfangen, daher entspricht Phase 2 dem Verlangen zu geben; und in diesem Fall bedeutet das, dem Schöpfer zurückgeben zu wollen.

In Phase 3 verstehen wir (die erschaffenen Wesen), dass der einzige Weg, dem Schöpfer zu geben, darin besteht, Seinen Wunsch zu erfüllen – es gibt nichts Anderes.

Weil Er will, dass wir empfangen, tun wir das in Phase 3. Aber beachten Sie den Unterschied: Es ist mit dem Empfangen in Phase 1 nicht vergleichbar. Hier in Phase 3 empfangen wir, weil Er geben will, nicht weil wir empfangen möchten. Unsere Absicht hat sich vom Empfangen für uns selbst zum Empfangen für den Schöpfer verändert. Das wird in der Kabbala als geben bezeichnet.

Phase 3 könnte das Ende des Prozesses sein, wenn nicht dieses winzige Problem genannt „die dritte Stufe" wäre. Wir sagten vorher, dass unser Ziel nicht bloß ist, uns dem Schöpfer anzuheften, sondern wie Er zu werden. Das kann nur geschehen, wenn wir denken wie Er (im Geben sind), wenn wir Erkenntnis haben und uns wirklich am Schöpfungsgedanken beteiligen. Deshalb eröffnet uns Phase 4 einen neuen Kick: den Wunsch, den Schöpfungsgedanken an sich zu verstehen; zu wissen, worin das Geben besteht, was es angenehm macht, warum das Geben alles erschafft und welche Weisheit es zur Verfügung stellt.

Die vier Phasen und ihre Wurzel haben alle einen zweiten Namen. Phase Null wird auch 'Keter' genannt, Phase 1 'Chochma', Phase 2 'Bina', Phase 3 'Tiferet' oder 'Seir Anpin' (SA) und Phase 4 'Malchut'. Diese zusätzlichen Namen werden 'Sefirot' (Saphire) genannt, weil sie wie Saphire glänzen.

Kabbalistische Begriffe

Die ganze Sache mit den Sefirot kann verwirrend sein, aber erinnern wir uns daran, dass sie für Verlangen stehen. Keter ist der Wunsch des Schöpfers, Licht (Genuss) zu geben; Chochma ist unser Empfangen des Genusses; Bina steht für unseren Wunsch, dem Schöpfer zurückzugeben; SA ist unser Verlangen zu empfangen, um dem Schöpfer zu geben; Malchut ist unser reines Verlangen zu empfangen, die wirkliche Wurzel der Geschöpfe – unsere wirkliche Wurzel.

Der Schirm (und das unwahrscheinliche Beispiel)

Der Schöpfer flößt uns den Wunsch, Ihm ähnlich zu sein, jedoch nicht ein. In Phase 4 entscheiden Sie, dass Sie nur empfangen werden, wenn Sie verstehen, warum der Schöpfer geben will – bis Sie verstehen, was Er damit bezweckt.

Stellen Sie sich zum Beispiel vor, dass Sie mit Ihren Kindern ins Einkaufszentrum gehen, um ihnen all das zu kaufen, was sie sich wünschen. Unwahrscheinlich, zugegeben. Werden Ihre Kinder verwirrt sein und Sie fragen: „Warum schlägst Du das vor? Was bringt Dir das? Wenn wir den Grund nicht verstehen, warum Du gibst, interessieren uns die Geschenke nicht."? Viel unwahrscheinlicher. Diese Konditionierung auf das Nichtempfangen für sich selbst wird Zimzum (Beschränkung) genannt. Es ist die erste Sache, die wir tun, um uneigennützig zu werden. Der Mechanismus, der den Zimzum ermöglicht, wird Massach (Schirm) genannt.

Sobald wir einen Massach erworben haben, ermitteln wir, ob und wie viel wir empfangen können, wenn wir uns ausschließlich auf den Genuss unserer Eltern anstatt auf unseren eigenen konzentrieren. Wenn wir diese Fähigkeit erwerben, bedeutet dies, dass wir einen vollständigen Parzuf (Gesicht) haben.

5 X 5 X 5

Die fünf Phasen der spirituellen Entwicklung entsprechen fünf spirituellen Welten, und jede spirituelle Welt enthält fünf Parzufim (Gesichter). Um bei der Metapher der Leiter zu bleiben: Die Welten beginnen an der Spitze der Leiter, dem Schöpfer am nächsten, und setzen sich nach unten fort. Die Welten, von oben nach unten, sind Adam Kadmon, Azilut, Brija, Yezira und Assija. Die Welt, die dem Licht und dem Schöpfer am nächsten ist, ist auch die höchste spirituelle Welt – Adam Kadmon. Die Welten darunter werden immer „materieller" und weniger „spirituell".

Praktische Umsetzung

Es ist wichtig, diese fünf Welten zu verstehen. Denn die Anstrengung, die Sie dafür aufwenden, bringt sie Ihnen näher – so, wie wir uns in der Nähe einer Person wohl fühlen, die uns ähnlich sein will. Und selbst wenn Sie die Welten jetzt noch nicht verstehen, werden Sie sie spätestens dann verstehen, wenn Sie selbst die spirituelle Leiter besteigen. Sie werden diese Welten in sich selbst finden. Sie sind ein Teil Ihres spirituellen Make-ups, so wie sie ein Teil des Make-ups der Schöpfung sind.

Unsere Aufgabe besteht darin, die höchste Stufe zu erreichen. Es gibt 125 Stufen auf der spirituellen Leiter, die Sie durch diese fünf Welten hinaufbringen. Warum die Nummer 125? Weil es fünf Welten und fünf Parzufim in jeder Welt und fünf Sefirot (Keter-Malchut) in jedem Parzuf gibt. Deshalb: 5 x 5 x 5 gleich 125. (Sie haben sicher schon bemerkt, dass Kabbalisten ein Faible für Zahlen haben.)

Beachten Sie, dass unsere Welt nicht als spirituelle Stufe zählt. Die Stufen beginnen über unserer Welt und steigen von dort auf. Assija ist die spirituelle Welt, die unserer eigenen am nächsten liegt und dem Anfangspunkt der spirituellen Verwirklichung entspricht.

Kabbalistische Begriffe
Zwei Elemente setzen eine spirituelle Stufe zusammen: Ein Verlangen nach etwas und die Absicht, dieses Verlangen für den Schöpfer zu verwenden.

Der Aufstieg von einer Stufe zur nächsten geschieht nur, wenn ein Mensch das volle Maß des Verlangens in der gegenwärtigen Stufe erfahren hat, mit der reinen Absicht, dem Schöpfer zu geben. Eine höhere Stufe wird geprägt durch einen größeren Wunsch nach Genuss und eine stärkere Absicht, diesen Genuss dem Schöpfer zu geben.

Das kleinste Element in der Spiritualität wird Sefira genannt, weil es wie ein Saphir glänzt. Wir sagten bereits, dass es fünf grundlegende Sefirot gibt: Keter, Chochma, Bina, Seir Anpin und Malchut. Allein Seir Anpin (SA) besteht aus sechs inneren Sefirot: Chessed, Gwura, Tiferet, Nezach, Hod und Jessod. Wenn wir also über die fünf Sefirot – Keter, Chochma, Bina, SA und Malchut – oder über die zehn Sefirot – Keter, Chochma, Bina, Chessed, Gwura, Tiferet, Netzach, Hod, Jessod und Malchut – sprechen, erkennt man die grundlegende Struktur der Zehn Sefirot.

Fünf Sefirot setzen einen Parzuf (Gesicht) zusammen und fünf Parzufim setzen eine Olam (Welt) zusammen. Das Wort „Olam" kommt von dem hebräischen Wort „Ha'alama" (verbergen). Je höher die Olam, desto weniger Ha'alama (Verhüllung vor dem Schöpfer) gibt es. Wenn Sie also auch die Höheren Welten erreichen, werden Sie wissen, wo Sie sind. Denn Sie sehen nun Ihre Umgebung und vergleichen sie mit Ihren „Reiseführern" – den Kabbalabüchern.

Einer der Meilensteine dieser Entwicklung ist das Konzept von Zimzum (Beschränkung), das wir früher schon erwähnten. Es funktioniert wie folgt: Wenn Sie ein Verlangen nach Gegenstand A haben, aber ein viel stärkeres Verlangen nach Gegenstand B, dann wird Ihr Verlangen nach Gegenstand A gezimzumt (eingeschränkt). Zum Beispiel sind Sie sehr müde und wollen schlafen. Sie decken sich zu und kuscheln sich unter die warme Decke. Plötzlich hämmert jemand an Ihre Tür und schreit „Feuer!" Natürlich ist in diesem Moment Ihr Wunsch zu überleben stärker als Ihr Schlafbedürfnis. Ihre Erschöpfung verschwindet schlagartig, als ob sie nie bestanden hätte. Natürlich sind Sie immer noch müde, und sobald die Lebensgefahr vorbei ist, wird das Bedürfnis nach Schlaf zurückkehren.

Um zu unserem Thema zurückzukommen: Um uns von Stufe x zu Stufe x + 1 zu bewegen, müssen wir Stufe x + 1 stärker anstreben als unsere gegenwärtige Stufe x.

In Die Lehre der Zehn Sefirot sagt Baal HaSulam, dass Malchut – die Sefira, die uns in der Zukunft verkörpert – das Licht des Schöpfers nicht empfangen konnte, obwohl sie sich sehr danach sehnte.

Malchut wusste nicht, wie sie das Licht mit der Absicht zu geben empfangen konnte (erinnern Sie sich an das Beispiel vom Einkaufszentrum). Ohne die Absicht zu geben, wäre sie dem Schöpfer völlig entgegengesetzt und daher spirituell weit von ihm entfernt. Weil sie diese Entfernung jedoch unbedingt vermeiden wollte, schränkte sie ihren Wunsch zu empfangen ein und verblieb so in der Nähe des Schöpfers. (s. Original S. 73)

Das Erste, das Sie lernen müssen, um in die spirituelle Welt zu gelangen, ist, Ihre egoistischen Wünsche einzuschränken. Andernfalls bleiben Ihnen die Türen zur Spiritualität verschlossen, was uns nun zum Machsom (Barriere) bringt.

Die fünfte Stufe und die Barriere

Der alleinige Zweck aller Geschehnisse in unserer Welt ist, Sie über die Barriere zwischen unserer und der spirituellen Welt zu bringen. Sobald Sie sie überqueren, werden Sie in der Spiritualität voranschreiten.

Woher kam diese Barriere? Erinnern Sie sich: Der Kontakt mit dem Schöpfer kann nur bestehen, wenn Sie, wie Er, die Absicht zu geben haben. Weil Er Sie ohne die Absicht zu geben erschuf, wurden Sie von Ihm getrennt. Diese Trennung wird als Barriere bezeichnet, weil sie Sie vom direkten Kontakt mit Ihm abhält. Die gute Nachricht ist, dass Sie die Barriere überqueren und dem Schöpfer von „Angesicht zu Angesicht" gegenüber stehen können, indem Sie die Absicht zu geben anstreben.

In der Kabbala gibt es viele Unterteilungen: Sefirot, Welten und Stufen der Lebenskraft. So kann spirituelles und körperliches Leben in fünf Stufen der Lebenskraft aufgeteilt werden:

1. Unbewegt
2. Pflanzlich
3. Tierisch
4. Sprechend (menschlich)
5. Spirituell (Punkt im Herzen)

Jedes Geschöpf trägt alle fünf Stufen in sich, doch die vorherrschende Stufe bestimmt seine Art. Tiere haben zum Beispiel einige Eigenschaften, die typisch menschlich anmuten, wie für die Zukunft vorzusorgen, doch das ist nicht ihr vorherrschender Charakterzug. Menschen wiederum besitzen unbewegte, pflanzliche und tierische Eigenschaften.

Was Menschen menschlich im spirituellen Sinn macht, ist ihre Fähigkeit, ein besonderes Verlangen zu entwickeln: das Verlangen nach Erkenntnis – der „Punkt im Herzen". Das ist der höchste Zustand, in dem Sie die Barriere zum spirituellen Königreich überqueren können.

Das Erlangen dieser Stufe ist an andere Faktoren gebunden als die ersten vier Stufen der Lebenskraft, die auf biologischen Faktoren beruhen. Die Stufen 1 bis 4 entwickeln sich durch den Druck der Natur, die die Evolution unbewusst vorwärts treibt. Doch die Entwicklung zur fünften Stufe geschieht freiwillig und bewusst, aus eigener freier Wahl. Der Wunsch danach ist die Vorraussetzung zur Überquerung der Barriere. Es ist der Wunsch nach der Enthüllung eines Geheimnisses – danach zu verstehen, was Leben überhaupt bedeutet. Es ist der Wunsch, auf dem die Kabbala selbst beruht.

Kabbalistische Begriffe

Die freiwillige und bewusste Entwicklung auf der menschlichen Stufe besteht in der freien Wahl. Freie Wahl macht uns dem Schöpfer ähnlich, weil wir wählen, Ihm ähnlich zu sein.

Der Anfang des Aufstiegs

Auf der untersten Sprosse der spirituellen Leiter, wo Sie und ich beginnen, sind wir vom Schöpfer getrennt. Hier haben wir die Aufgabe, unseren Wunsch nach Spiritualität aufzufrischen und zu einer Zugmaschine zu machen, die uns die spirituelle Leiter wieder hochfährt.

Alle Seelen wollen ursprünglich eins mit dem Schöpfer sein. In der Folge entwickeln sie sich viele Tausend Jahre lang und erfahren sich selbst.

Im Konzept der Kabbala waren die letzten 6.000 Jahre der Höhepunkt dieses Prozesses. Dieser neigt sich nun seinem Ende zu: Die Zeit, in der die gesamte Menschheit sich die Frage nach dem Warum stellt, ist angebrochen. Sehen wir uns an, wie die Kabbala diese Entwicklung beschreibt.

Hin zur allgemeinen Seele

Die Kabbala beschreibt für die spirituelle Korrektur einen 6.000-jährigen Weg. In der Literatur findet man auch den Ausdruck „6.000 Jahre". Nach ihrer vollständigen Korrektur vereinigen sich alle Seelen wieder zu einer allgemeinen Seele und beginnen, als ein wahrhaft vereinigtes System zu arbeiten. Der Aufbau dieser allgemeinen Seele verbindet die individuellen Seelen derart, dass alle die gleiche Wahrnehmung der spirituellen Welt haben. Das ist die Vollendung der absoluten Verwirklichung, genannt das „Ende der Korrektur."

Um diese spirituelle Reise anzutreten, ist allein der in uns allen verborgene Wunsch nach Erfüllung und Erkenntnis nötig. Ohne diesen Wunsch werden Sie nicht spirituell fortschreiten. Auf der spirituellen Stufe muss die Entwicklung bewusst und freiwillig sein.

Warum leide ich? Woher kommt das Leiden und was will es von mir? Hat das Leiden einen Grund? Ist all das den Aufwand wert? – Diese Fragen sind nützlich, denn gepaart mit Leid rufen sie in Ihnen den Wunsch nach einer Anleitung zur persönlichen Entwicklung und nach Erkenntnis des Nichtbewussten hervor.

Wenn Sie sich diese Fragen stellen, haben Sie Ihren Weg die spirituelle Leiter hinauf bereits begonnen.

Die Leiter hinauf

Der Wunsch nach Spiritualität ist der erste Schritt die Leiter hinauf. Durch das tiefe Bedürfnis, diesen Wunsch zu erfüllen, kommt man seinem Ziel näher. Diese Sehnsucht nach spiritueller Selbstverwirklichung wird „Erheben von MaN" genannt (aramäisch: Mayim Nukvin – weibliche Gewässer). Das Erheben von MaN wird auch als Gebet bezeichnet. MaN oder der Wunsch nach Spiritualität kommt aus Ihrer eigenen spirituellen Struktur, den Reshimot. Diese sind unbewusste Erinnerungen der Seele aus ihren vergangenen Zuständen. Zusätzlich erhöht und beschleunigt die Umgebung (Freunde, Bücher, Filme und alle anderen Medien) das MaN, das durch die Reshimot hervorgerufen wird.

Tipps und Tricks

Ihr Umfeld, Ihre Gesellschaft kann Sie beschleunigen oder verlangsamen. Wenn Sie sich mit Leuten, Büchern und Medien umgeben, die Spiritualität und Altruismus geringschätzen, wird sich das auch auf Sie auswirken. Sobald Sie sich in einer bestimmten Gesellschaft etabliert haben, sind ihre Gedanken, wenn auch unbewusst, permanent davon beeinflusst. Die freie Wahl, die wir wirklich haben, besteht jedoch in der Wahl der Umgebung selbst. Die Wahl der richtigen Umgebung wird uns zur Spiritualität führen und unsere Geschwindigkeit bestimmen.

Zurück in die Zukunft

Am Anfang des Kapitels stellten wir fest, dass sich die Wurzel an der Spitze der Leiter befindet. Obwohl dies widersprüchlich klingt, erinnert es uns daran, dass wir die Samen der Wurzel – der erschaffenden Kraft – in uns tragen. So ist die Wurzel sowohl der Ausgangspunkt des spirituellen Zyklus als auch sein endgültiges Ziel.

Nachdem wir „gefallen" sind, streben wir nun danach, wieder zur Spitze zu gelangen bzw. uns zu korrigieren. Wir müssen von der irdischen Welt zurück bis zu unserer Wurzel gelangen. Dazu müssen wir unsere Wurzel kennen und wissen, wie wir von dort abstiegen (die Reshimot). Wie sonst könnten wir wissen, wohin wir zurückkehren sollen, wenn wir dort nicht schon einmal gewesen wären? Das Auftauchen neuer Wünsche, neuer Reshimot, zeigt uns unsere Fortschritte an, es zeigt uns, wie schnell wir fortschreiten und ob wir uns auf dem besten und schnellsten Weg befinden. Schließlich werden wir alle das Ende der Korrektur erreichen, doch der richtige Gebrauch der Reshimot kann uns viele Schwierigkeiten, viel Zeit und Anstrengung ersparen.

Sie schreiten auf der Leiter fort, indem Sie Ihren Wunsch nach Spiritualität zunehmend vergrößern. Dies bewirkt, dass Ihre zukünftige Stufe Sie anzieht und Sie Ihre derzeitige Stufe hinter sich lassen. Der Zyklus wiederholt sich und treibt Sie weiter an, die Eigenschaften des Schöpfers zu erlangen.

Sobald Sie alle Ihre egoistischen Wünsche auf der egoistischen Stufe (als „diese Welt" bezeichnet) untersucht haben, erscheint ein neuer Wunsch. Dieser neue Wunsch ist etwas Besonderes, denn er besitzt zum ersten Mal eine altruistische Absicht. Obwohl das Auftauchen der Wünsche (Reshimot) einer natürlichen Entwicklung folgt, ist das Erreichen einer altruistischen Absicht im Leben eines Kabbalisten so einschneidend, dass es als „Überquerung der Barriere (Machsom)" oder „Eintritt in die spirituelle Welt" bezeichnet wird.

Tipps und Tricks

Die Kabbala erklärt, dass der spirituelle Pfad vorherbestimmt ist. Doch das bedeutet nicht, dass Sie keine Willensfreiheit und Wahlmöglichkeiten haben. Alle befinden sich auf demselben Weg, aber Sie können schneller oder langsamer fortschreiten, auf angenehme oder schmerzhafte Weise, je nach Ihrer Beteiligung.

In jedem Zustand Ihrer Seele ist die Reshimo (Singular von Reshimot) vorbestimmt. Doch wenn Sie die Umgebung nutzen, um Ihr Verlangen nach Spiritualität zu stärken und das Entfalten der Reshimo zu beschleunigen, wird dies

Ihre Entwicklung nicht nur verkürzen, sondern auch Ihre Erfahrungen auf eine höhere spirituelle Stufe heben.

Wie Du mir so ich Dir

Das Leben zeigt uns, dass wir ohne andere Menschen, die für uns sorgen und uns helfen, nicht überleben können. Menschen sind soziale Wesen und die Gesellschaft entspricht einer Maschine, in der jeder wie ein Zahnrad mit anderen verbunden ist. Ein einzelnes Zahnrad kann sich nicht allein bewegen. Im Verbund schließt es sich jedoch der Bewegung aller anderen Zahnräder an und hilft mit, den Zweck der Maschine zu erfüllen.

Der Defekt eines Rades wird zum Problem für die Funktion des gesamten Mechanismus. Im Nichtbewussten werden wir nicht dafür bewertet, wer oder was wir sind, sondern dafür, wie wir der Gesellschaft dienen. Eine „schlechte" Person ist nur in Bezug auf den Schaden, den sie der Öffentlichkeit zufügt, schlecht und nicht, weil sie gegen einen abstrakten Wert verstößt.

Praktische Umsetzung

In der Kabbala werden das Kollektiv und das Individuum als ein und dasselbe betrachtet. Was für das Ganze gut ist, ist für das Individuum gut und umgekehrt. Folglich schädigt eine negative Gesellschaft das Individuum und eine positive Gesellschaft fördert es.

Eigenschaften und Taten werden entsprechend ihrem Nutzen für die Öffentlichkeit als gut oder schlecht bewertet. Wenn ein Teil der Gruppe seinen Anteil nicht erfüllt, schadet er nicht nur dem Kollektiv sondern auch sich selbst. Gleichermaßen schädigt eine negative Gesellschaft auch das Individuum.

Individuen sind Teile des Ganzen und das Ganze ist nicht wertvoller als die Summe seiner Einzelpersonen. In der Kabbala sind das Kollektiv und die Einzelperson ein und dasselbe.

Entsprechend der Weisheit der Kabbala werden die Menschen erkennen, dass ihr eigener Vorteil und der Vorteil des Kollektivs vollkommen voneinander abhängen; dies bringt sie schneller zu ihrer Korrektur.

Die Kabbala erklärt, dass unsere Erfahrungen, obwohl sie persönlich sind, in allgemeinen Termini beschrieben werden, die auf alle angewendet werden können. Zum Beispiel stimmen wir alle darin überein, dass Blut rot ist, und doch nehmen wir es verschieden wahr.

Zusammenfassung

- Im spirituellen Zyklus waren unsere Seelen ursprünglich dem Schöpfer gleich. Dann stiegen sie entlang der Leiter ab, um nun wieder aufzusteigen und schöpfergleich zu werden.

- Die Überquerung der Barriere zur Spiritualität wird nur durch den bewussten Wunsch, dem Schöpfer ähnlich zu sein, erreicht.

- Die Kabbala sieht 6.000 Jahre für die Korrektur aller Seelen vor, die als freudige und aufregende Reise oder aber als Qual erfahren werden kann.

- Wenn wir Spiritualität erreichen wollen, müssen wir eine spirituell unterstützende Umgebung wählen, die aus Freunden, Büchern und dem richtigen Lehrer besteht.

- Alles Weitere – außer der Wahl unserer Umgebung – ist durch die Reshimot festgelegt.

■ 8. Das Bereiten des Weges für die Menschheit

Essenz

- Die fünf Welten und die Welt der Unendlichkeit
- Der Wunsch des Schöpfers, uns zu erschaffen
- Adam, Eva und ihre Beziehung zum Schöpfer
- Viele Menschen – eine Seele, eine Korrektur

Dieses Kapitel ist das Herz des Buches, der Kern der Kabbala. Hier konzentrieren wir uns stärker auf den Prozess des Einzelnen und weniger auf Stufen, Welten und Parzufim. Wenn Sie es studieren, werden Sie die Essenz der kabbalistischen Reise zur Spiritualität begreifen. Sie werden erfahren, wie die Kabbala einen Weg für die Menschheit zur Verfügung stellt, wie diese sich zum Vorteil aller korrigieren kann.

Fünf Welten und keine Echte

Wie wir in Kapitel Sieben erwähnt haben, gibt es fünf spirituelle Welten: Adam Kadmon, Azilut, Brija, Yezira und Assija. Das Einzige, das echt ist, ist die Welt von Ein Sof (ohne Ende). Wir erklärten auch, dass das Wort „Olam" (Welt) von dem Wort „Ha'alama" (verbergen) kommt. Deshalb sind die Welten eine unvollständige Erscheinung des Schöpfers. Der einzige Ort, an dem Er völlig enthüllt wird, ist daher die Welt von Ein Sof, eine Welt der Unendlichkeit, in der es keine Beschränkungen und Hüllen gibt.

> **Spirituelle Funken**
> *Alle Welten, Höhere und niedrige, sind im Menschen enthalten.*
>
> *Rav Yehuda Ashlag, Einleitung zur Einführung in die Weisheit der Kabbala*

Die Höheren Welten beeinflussen die Geschehnisse in den Welten darunter, weil alle Welten im Wesentlichen dieselbe Wirklichkeit sind – die von Ein Sof. Wenn Sie beispielsweise an eine bestimmte Handlung denken und wüssten, dass der Gedanke allein bereits die Handlung realisiert, würden Sie den Plan als bereits in Ihnen existent erfahren, noch bevor sie den Gedanken in die Tat umsetzen. Unser Körper kennt diesen Prozess sehr gut; der Magen erzeugt Verdauungssäfte schon bevor die Nahrung wirklich in ihn gelangt. In diesem Sinn entspricht der Gedanke ans Essen einer Höheren Welt, die wiederum die niedrigere Welt erschafft, in der das Essen tatsächlich stattfindet. Doch in beiden Welten ist das Ereignis (Substanz) dasselbe – Essen. Weil unser Denken nicht beschränkt ist, entspricht es der Welt von Ein Sof, wohingegen unsere Körper sich in einer der niederen Welten befinden.

Beachten Sie, dass die Kabbala nur über die spirituellen Welten spricht, obwohl sie physische Beispiele wie das Essen zur Erklärung verwendet. Die Beispiele dieser Welt werden zur Verdeutlichung der spirituellen Welt verwendet. Dies soll Sie jedoch nicht zu dem Gedanken verleiten, dass es in der spirituellen Welt tatsächlich Essen gibt.

An der Spitze der Leiter

Zuvor definierten wir die Kabbala als eine Folge von Ursache und Wirkung, die von der Wurzel bis zum Zweig herabhängt und deren Zweck die Enthüllung des Schöpfers ist. Aber woher wissen Kabbalisten das? Wenn sie die Spitze der spirituellen Leiter erreichen, entdecken sie, dass die Schöpfung aus dem reinen, unverfälschten Wunsch besteht, Genuss zu empfangen, und dass der Schöpfer aus dem reinen, unverfälschten Wunsch besteht, der Schöpfung diesen Genuss zu geben.

Das wirft eine andere Frage auf: Wenn der einzige Wunsch des Schöpfers darin besteht zu geben, woher kommt dann der reine Wunsch der Schöpfung zu empfangen? Kabbalisten erklären, dass der Schöpfer uns erschaffen musste; sonst würde nichts existieren, das empfangen könnte. Das ist der Anfang der Abfolge von Wurzel und Zweig.

Tipps und Tricks

Darüber zu sprechen, was der Schöpfer will, ist mit Vorsicht zu geniessen, weil es uns dazu verleiten kann, an den Schöpfer anstatt an unsere eigene Korrektur zu denken, die jedoch erforderlich ist, wenn wir wie Er werden wollen. Was Kabbalisten entdecken, wenn sie die Stufe des Schöpfers erreichen, steht nirgendwo geschrieben, aber wir können auch dorthin gelangen und es für uns selbst herausfinden.

Gleich und doch entgegengesetzt

Kabbalisten nannten den „Wunsch, den Geschöpfen (uns) Gutes zu tun" auch Schöpfungsgedanken. Wenn wir uns daran erinnern, werden wir die Weisheit der Kabbala leicht erlernen.

Wenn ich wie der Schöpfer geben will, gibt es nichts, was mich beschränken kann, weil man einen Wunsch nicht an einen bestimmten Platz oder eine bestimmte Zeit binden kann. Natürlich sind wir Menschen ebenso unbegrenzt – wir wollen nur empfangen, und dieser Wunsch ist genauso unbegrenzt wie der Wunsch zu geben. In diesem Sinn gleichen wir dem Schöpfer und sind Ihm gleichzeitig völlig entgegengesetzt: Unsere Orientierung ist das Empfangen und Seine ist das Geben.

Mit zunehmendem Verständnis des Schöpfungsgedankens wird auch klarer, warum das Geben für die Schöpfung eine notwenige Voraussetzung ist.

Wenn Sie geben wollen, konzentrieren Sie sich auf das Außen, um zu sehen, wo Sie Gutes tun können. Und wenn Sie empfangen wollen, konzentrieren Sie sich ausschließlich auf sich selbst. Lassen Sie uns jetzt einen Blick auf die Stufen der Schöpfung werfen.

Eine kurze Schöpfungsgeschichte

Die Geschichte der Schöpfung fing mit einer Wurzel an (Sein Wunsch, Seinen Geschöpfen Gutes zu tun) und dehnte sich in vier weitere Phasen aus. Das ist der Ursprung des Baums des Lebens, seiner ersten Wurzel sozusagen. In Phase 4 schränkte sich die Schöpfung ein, führte einen Zimzum durch und wies das ganze Licht (Genuss) zurück, das der Schöpfer geben wollte. Solch eine Handlung scheint dem wirklichen Gedanken der Schöpfung zu widersprechen, aber es ist ein notwendiger Schritt bezogen auf das Schicksal der Geschöpfe, die als vom Schöpfer getrennte und unabhängige Wesen gelten.

Die Kraft, die bewirkt, dass die Schöpfung aufhört, das Licht zu empfangen, ist eine besondere Art von Scham, die Wurzel aller Schmach, genannt „Brot der Scham". Kabbalisten erklären, dass Scham die stärkste Kraft ist, die uns steuert.

Jetzt bitte festhalten, denn wir haben vor, tief ins Herz des Menschen einzutauchen: Das Brot der Scham ist eine Erfahrung, die sich von allen anderen Erfahrungen in dieser Welt unterscheidet. Es ist eine glühende Empfindung, auf die der Name „Hölle" passt. Aber keine Sorge, in der Kabbala gibt es nichts Schlechtes ohne Ausgleich und Belohnung.

Der Hauptunterschied zwischen unserer (weltlichen) Scham und dem (spirituellen) Brot der Scham besteht darin, dass wir uns in unserer Welt schämen, wenn wir dem Standard der Gesellschaft nicht entsprechen. Und in der Spiritualität schämen wir uns, dem Standard des Schöpfers nicht zu entsprechen.

Stellen Sie sich vor, Sie würden plötzlich erkennen, dass das gesamte Weltall, von der Zeit vor dem Urknall bis zum Ende aller Zeiten, freundlich, großzügig und gebend ist. Hört sich gut an? Stellen Sie sich jetzt vor, dass Sie auch erkennen, dass es nur ein einziges Element darin gibt, das egoistisch ist und jeden und alles benutzen will. Also, das müsste wahrhaft ein Übel sein. Stellen Sie sich jetzt vor, dass Sie erkennen, dass Sie selbst dieses Übel sind. Was würden Sie tun?

Natürlich kann das kein Mensch ertragen. Als Krönung finden Sie noch dazu heraus, dass das Übel nicht in Ihrem Körper sondern in Ihrer Seele und in Ihren Wünschen wurzelt; und selbst wenn Sie Selbstmord begingen, würde sich nichts daran ändern, denn nichts kann Ihre Seele auslöschen.

Nach einer solchen Erkenntnis ist das Letzte, was Sie wollen, Sie selbst zu bleiben, und das, was Sie am meisten wollen, ist zu geben wie der Schöpfer. Und in der Minute, in der Sie sich das wünschen, bekommen Sie es.

Jetzt wissen Sie, dass der Zimzum nicht eine Ihnen auferlegte Beschränkung ist. Es ist das Ergebnis Ihrer eigenen Selbsterforschung. Sie ist ein lohnender Vorgang, weil Sie zum ersten Mal die Fähigkeit erhalten, wirklich anders zu sein.

Sie können dadurch nicht nur zwischen zwei Möglichkeiten in dieser Welt wählen, sondern auch zwischen zwei völlig verschiedenen Eigenschaften. Bei der einen werden sie durch Ihre Sinne diese Welt wahrnehmen und bei der anderen die spirituelle Welt. Aber sie werden zu jedem Zeitpunkt selbst wählen können, auch wenn Sie zwischen diesen beiden Welten hin- und herspringen.

Nur für Ihr Vergnügen

In Kapitel Sieben erklärten wir, dass die Welten von oben nach unten Adam Kadmon, Azilut, Brija, Yezira und Assija heißen. Wir sagten auch, dass jede Welt aus fünf inneren Elementen besteht, Parzufim genannt. Lassen Sie uns nun darüber reden, wodurch sie entstehen und wie sie wirken.

Sobald Phase 4, genannt Malchut, das Brot der Scham – ihre Entgegengesetztheit zum Schöpfer – erfuhr, stellte sie Ihm eine Bedingung: „Wenn Du möchtest, dass ich genieße, gib mir die Fähigkeit, es für Deinen Genuss zu tun, nicht für meinen, weil ich kein Egoist sein will." So gab der Schöpfer ihr einen Massach, den Schirm, damit sie dem Einströmen des Lichtes widerstehen konnte. Dann sagte sie zu Ihm: „Danke, gib mir jetzt die Fähigkeit zu entscheiden, was ich empfange und was nicht. Ich weiß, dass ich nicht empfangen und gleichzeitig noch an Deinen Genuss denken kann, also wollen wir mit kleinen Häppchen und Stückchen des Lichtes anfangen." Und Er gab ihr ebenfalls diese Fähigkeit.

Praktische Umsetzung

Lassen Sie sich nicht von all den Namen in der Kabbala verwirren; sie beziehen sich entweder auf das Geben oder auf das Empfangen. Schöpfer, Licht, Gebender, Gedanke der Schöpfung, Phase Null, Wurzel, Wurzelphase, Bina und andere beschreiben den Wunsch zu geben. Geschöpf, Kli, Empfänger, Phase Eins und Malchut sind einige Beispiele des Wunsches zu empfangen. Es gibt so viele Namen wegen der feinen Unterschiede in jedem einzelnen. Aber schließlich beziehen sie sich alle auf das Geben oder das Empfangen.

Malchut begann, das Licht in fünf primären Kategorien zu empfangen. So wie das sichtbare Licht aus drei grundlegenden Farben – rot, grün und blau – besteht, besteht das spirituelle Licht aus fünf grundlegenden Lichtern: Nefesh, Ruach, Neshama, Chaya, Yechida. Nefesh ist das kleinste Licht und Yechida das größte.

Sobald Malchut die Fähigkeit erhält, das Licht in fünf Bereiche zu spalten, beginnt sie, jedes von ihnen zu empfangen, aber nur so lange, wie sie das mit dem Gedanken an den Schöpfer tun kann. Jedes Mal, wenn sie eines der fünf Lichter empfängt, baut sie einen speziellen Parzuf. So vollendet sie ihre Fähigkeit, den Schöpfer auf einer bestimmten Stufe zu fühlen, indem sie die fünf Lichter so weit wie möglich erforscht, ohne dabei an sich selbst zu denken, sondern an den Schöpfer. Und weil es fünf solche Lichter gibt, enthält jede spirituelle Welt fünf Parzufim.

Jetzt verstehen Sie auch, warum jede dieser Phasen Olam (Welt) genannt wird, was verhüllen bedeutet. Sie stellen jeweils das Niveau dar, auf dem Malchut es ertragen kann, den Genuss des Schöpfers zu genießen, ohne an sich selbst zu denken. Je höher die Welt, desto größer ist natürlich die Fähigkeit von Malchut, das Licht des Schöpfers zu genießen. Das ist auch die große Belohnung, die mit dem Erreichen der Welt von Ein Sof eintritt – es gibt keine Beschränkungen mehr, die Genüsse des Schöpfers zu empfangen.

Praktische Umsetzung

Die Kabbala schreibt jedem Element in der Spiritualität ein Geschlechts-merkmal zu; ein Element kann nicht neutral sein, aber es kann zwischen Geschlechtern „umschalten". Im Allgemeinen wird alles, was gibt, als männlich betrachtet und alles, was empfängt, als weiblich. Außerdem enthält jedes Wesen innerhalb seiner selbst männliche und weibliche Anteile und verwendet sie gemäß seinem Bedürfnis. Obwohl also alles sein grundlegendes Geschlecht hat, kann es bei Bedarf als sein entgegengesetztes Geschlecht fungieren.

Die Bauarbeiter

Die spirituellen Welten haben gleichsam einen eingebauten Mechanismus zu lehren. Sie lehren Sie, Ihr Verlangen zu lenken, um dem Schöpfer zu geben. Obwohl sie auf „Autopilot" laufen, was bedeutet, dass sie sich als ein notwendiger Prozess von Ursache und Wirkung entfalten, folgen sie der Richtlinie „Ich werde nicht empfangen, es sei denn für den Schöpfer." Wenn ein Mensch in die spirituellen Welten eintritt, lernt er, wie man mehr an den Schöpfer und weniger an sich selbst denkt.

In diesem Sinne gleicht die Beziehung zwischen den Welten und dem Geschöpf einer Gruppe von Bauarbeitern, die einen Anfänger lehren, was zu tun ist. Sie lehren jede Aufgabe, indem sie sie demonstrieren. Stückweise werden wir Geschöpfe beginnen, unsere Wünsche zu korrigieren und unser Empfangen in einen Akt des Gebens umzuwandeln.

Kabbalistische Begriffe

Höhere Welten und niedere Welten beziehen sich nicht auf Situationen oder Plätze, sondern auf den Wert von Wünschen. Höhere Wünsche sind einfach altruistischer als niedrigere Wünsche, die egoistischer sind.

Adam und Eva wurden geboren (und fielen)

In Kapitel Sieben sagten wir, dass wir in der letzten Phase den Schöpfungs-gedanken kennen lernen würden. Um ihn zu verstehen, war es notwendig, einen speziellen Parzuf zu erschaffen, der in einer speziellen Welt bestehen konnte, in der dieser Parzuf den Schöpfungsgedanken aus eigenem freien

Wunsch studieren konnte. So entstand der Parzuf von Adam haRishon. Obwohl Adam haRishon nicht in unserer physischen Welt geboren wurde, „fiel" er in diese Welt. Den Namen Adam erhielt er entsprechend seiner Aufgabe, dem Schöpfer ähnlich zu werden (Domeh).

Sie werden sich sicher fragen, welche Rolle Eva in dieser Geschichte spielt. In der Kabbala sind Adam und Eva zwei Teile desselben Parzuf. Wenn Kabbalisten das Empfangen in diesem Parzuf betonen wollen, sprechen sie von Eva, und wenn sie sich auf seine Fähigkeiten des Gebens konzentrieren wollen, nennen sie es Adam.

Zur Sünde verführt

Adam war in den Welten Brija, Yezira und Assija geboren, wurde aber von ihnen schnell zu Azilut erhoben, wo alle Wünsche korrigiert sind und nur dazu dienen, dem Schöpfer zu geben. In der Welt Azilut arbeitete (empfing) Adam mit kleinen Wünschen, von denen er überzeugt war, dass er sie altruistisch verwenden konnte – mit der Absicht, dem Schöpfer zu geben. Ihm wurde gesagt, dass er alles tun dürfe, nur nicht vom Baum der Erkenntnis essen, der die gröberen Wünsche verkörpert, diejenigen, die Adam nicht mit der Absicht, dem Schöpfer zu geben, verwenden würde.

An diesem Punkt galt Adam als heilig. Aber er war sich seiner eigenen unkorrigierten Wünsche nicht bewusst. Er wusste nicht, dass er im Garten Eden nur mit seinen feinen Wünschen arbeiten durfte – als Übung dafür, wie er mit seinen gröberen Wünschen umgehen sollte. Als sie also erstmals erschienen, sündigte er aus Ahnungslosigkeit.

Als Adam sie mit der Absicht, für den Schöpfer zu empfangen, verwenden wollte, versagte er. Er merkte, dass er in jenen Wünschen völlig egoistisch war, und diese Scham veranlasste ihn, sich zu bedecken. Nach der kabbalistischen Überlieferung bemerkte Adam daraufhin erstmals, dass er nackt war, denn er hatte keinen Massach (Schirm), um seine bloßen (egoistischen) Wünsche zu bedecken.

Aber Spiritualität ist ein Mechanismus ohne Fehler. Eine Korrektur kann man nicht brechen. Infolge von Adams Fehler wurde der Zimzum wieder eingeführt und das ganze Licht strömte aus dem Parzuf Adam haRishon und ließ Adam und Eva außerhalb des Gartens Eden zurück. Doch sie blieben nicht allein; sie hatten ihre Erinnerungen (Reshimot) an den korrigierten Zustand und die Reshimot ihres Egoismus. Jene zwei Erinnerungen sind die wertvollsten

Werkzeuge für jeden Menschen, der sich wünscht, den Schöpfer zu finden und Seine Herrlichkeit zu enthüllen. Der Mensch erreicht dies, indem er die Beziehung zwischen Adam und dem Schöpfer korrigiert.

Sünde – der Weg aus dem Übel

In der kabbalistischen Version hat die Geschichte der Erbsünde eine oder zwei Wendungen, die Sie vermutlich nicht kennen. Adam wurde befohlen, nicht vom Baum der Erkenntnis zu essen, damit er sich nicht in Wünschen verfangen würde, mit denen er nicht umgehen konnte. Aber sein innerer weiblicher Teil, Eva, sagte ihm, dass er dem Schöpfer mehr geben könnte, wenn er vom Baum der Erkenntnis äße. Auch sie hatte Recht. Denn dadurch würde Adam größere Verlangen zu empfangen nutzen, um dem Schöpfer zu geben. Doch sie wusste nicht, dass für dieses Unterfangen (den Umgang mit groben Verlangen) ein sehr starker Massach nötig war, der Adam fehlte. Sie fragen zu Recht: „Warum sagte der Schöpfer Adam nicht, dass er mit solch einem Verlangen nicht umgehen könnte? Wollte Er, dass er scheiterte? Welcher gebende Schöpfer lässt sein Geschöpf leiden?"

Tipps und Tricks

Das ist eine gute Gelegenheit, uns daran zu erinnern, dass sich alles, worüber die Tora (Fünf Bücher Moses) und die Kabbala schreiben, in den spirituellen Welten entfaltet und nicht in unserer Welt.

Um das zu verstehen, müssen wir uns an den Schöpfungsgedanken erinnern und daran, dass es das war, was Adam wirklich wollte. Um Adam über seine Verlangen zu belehren, musste der Schöpfer sie ihm enthüllen. Und wie kann man jemandem ein Verlangen enthüllen, ohne ihn erfahren zu lassen, wie sich dieses Verlangen anfühlt?

Aus der Perspektive des Schöpfers ist durch Adams Sünde nichts Schlimmes passiert, weil gerade sie einen weiteren Schritt darstellte, die Geschöpfe zu lehren, wie man richtig empfängt. Das größte Geschenk, das der Schöpfer uns geben kann, sind Seine Gedanken. Jetzt, da wir diese Erinnerung in unserer Reshimot haben, können wir uns korrigieren und lernen, wie man korrekt empfängt.

Winzige Goldmünzen

Der erste Schritt in der Korrektur der Seele bestand darin, Adams Seele in „leicht verdauliche" Stücke des Verlangens zu spalten, die leichter zu korrigieren waren. Aus diesem Grund zerbrach seine Seele in nicht weniger als 600.000 Teile. Dies setzte sich fort und heute haben wir genauso viele Teile seiner Seele wie es Menschen auf der Erde gibt. Ja, Sie verstehen richtig. Wir sind alle Teil derselben Seele. In Teil Drei werden wir über die praktischen Aspekte dieser Tatsache sprechen.

Das Aufspalten geschah folgendermaßen: Als alle Verlangen in Adam haRishon eine gemeinsame Absicht hatten, dem Schöpfer zu geben, waren sie eins. Als sich die Absicht in den Verlangen in Richtung Selbsterfüllung änderte, trennten sich die Verlangen voneinander und die vereinte Seele begann sich zu spalten. Alle Seelen sind deshalb Erweiterungen der allgemeinen Seele von Adam haRishon (wörtlich übersetzt „der erste Mensch").

Wissenswertes

Je egoistischer wir werden, desto schwerer ist es, jeden Seelenteil zu korrigieren, und umso mehr müssen wir uns teilen.

Hier ein Gleichnis von Baal HaSulam, das den Grundsatz der Aufspaltung erklärt: Ein König musste eine große Menge Goldmünzen an seinen Sohn senden, der in Übersee lebte. Er hatte keine Boten, denen er eine so große Summe anvertrauen konnte, also teilte er die Goldmünzen in Pennys auf und verschickte sie durch viele Boten. Jeder Bote sah, dass ein Diebstahl solch unbedeutender Beute sich nicht lohnte, und lieferte sie ab. Sobald die Pennys ihren Bestimmungsort erreichten, wurden sie wieder zur ursprünglichen großen Summe vereinigt.

Ebenso können viele Seelen im Laufe der Zeit die Bruchstücke nach dem „Apfelereignis" erlösen. Alle Teile verbinden sich, um die ursprüngliche Aufgabe erfolgreich zu vollenden, das ganze Licht zu empfangen, um dem Schöpfer zu geben. Unser Job ist es, unsere individuellen Teile, die Wurzeln unserer eigenen Seelen, zu korrigieren.

Zusammenfassung

- Es gibt fünf Welten – Adam Kadmon, Azilut, Brija, Yezira und Assija –, aber die einzig wahre Welt ist Ejn Sof.
- Unsere Verlangen sind ebenso stark wie die des Schöpfers, aber unsere Absichten sind den Seinen entgegengesetzt.
- Adam und Eva wurden zur Sünde verführt.
- Adam wurde in den Welten Brija, Yezira und Assija geboren, zu Azilut erhoben und fiel dann in unsere Welt herunter.
- Eva ist der weibliche Teil des Parzuf Adam haRishon.
- Alle Menschen sind Teile der allgemeinen Seele von Adam haRishon.

■ 9. Entschlüsselung der Sprache der Kabbala

Essenz

- Kräfte
- Die Sprache der Zweige verstehen
- Neue Deutung alter Geschichten
- Entmystifizierung der Sprache des Sohar

Um kabbalistische Texte zu verstehen, müssen Sie die Sprache, in der sie geschrieben sind, kennen. Nein, Sie müssen dazu nicht Hebräisch lernen, aber verstehen, wie Kabbalisten Geschichten nutzen, um Ideen zu präsentieren. Geschichten über Leute in dieser Welt wurden zu Metaphern für Konzepte und Ideen aus den Höheren Welten.

Die Sprache der Kabbala beschreibt, wie Kräfte aus den Höheren Welten auf Objekte dieser Welt wirken. So gesehen, bekommen Geschichten über diese Welt – und damit auch die Geschichten der Bibel – neue Bedeutung.

In diesem Kapitel werden Sie lernen, wie man kabbalistisches Wissen entschlüsselt. Sie werden sehen, wie Sie durch die Wurzeln und Zweige der Kabbalasprache tiefer in die Geschichten eindringen können, als Sie es je vermutet hätten.

Wie Wurzeln und Zweige

Wie wir bereits in Kapitel Sieben und Acht erklärten, wurden die Welten durch eine Folge von Ursachen und Wirkungen erschaffen. Daher beziehen sich die Wurzeln auf die spirituellen Kräfte, die unsere Welt und die Menschen erschaffen. Sie existieren in den spirituellen Welten jenseits dieser materiellen Welt, doch sie beeinflussen und bewegen diese.

Die Wurzeln sind wie viele unsichtbare Hände, die einen Klumpen Ton – unser Leben – kneten und in eine bestimmte Form bringen. Sie formen Existenz durch führende Objekte. Diese Objekte, die die spirituellen Kräfte bzw. Wurzeln leiten, sind die Zweige. Die Zweige existieren in dieser Welt. Sie besitzen materielle Existenz. Jedes Objekt in dieser Welt, Sie und mich eingeschlossen, entspricht dem Zweig einer spirituellen Wurzel.

Und wie ihre Namen andeuten, sind Wurzel und Zweig verbunden. Wie bei einem Baum sieht man die einen, während die anderen unter der Erde sind – und doch sind sie Teile eines Ganzen.

Ein Baum oder eine Pflanze kann nicht ohne Wurzeln existieren. Dinge, die den Wurzeln zustoßen, zeigen sich an der Pflanze. Wenn die Wurzel nicht genug Wasser erhält, verwelkt die Pflanze. Wenn die Wurzel gedüngt wird, blüht die Pflanze auf.

Kabbalistische Begriffe

In der Kabbala wird jede Ursache als Wurzel bezeichnet und jede daraus entstehende Wirkung als Zweig. Die Wurzeln werden auch als „Eltern" bezeichnet und die Zweige als ihre „Sprösslinge". Das Schlüsselkonzept in der Kabbala besagt, dass alles, was in der Wurzel geschieht, seinen Ausdruck in den Zweigen findet.

Die Kabbala beschreibt einen gleichartigen Mechanismus in den Menschen. Im gesamten Universum zeigt sich, dass das, was in den Wurzeln geschieht, sich auch in den Zweigen äußert. Genau wie eine Pflanze durch den Zustand ihrer Wurzeln beeinflusst wird, werden Menschen und Objekte in dieser Welt durch die spirituellen Kräfte beeinflusst.

In Kapitel Acht sagten wir, dass die Elemente sich in allen Welten gleichen würden. Der einzige Unterschied zwischen ihnen liegt in ihrer spirituellen Stufe: Die Höheren Welten enthalten altruistischere Elemente und Ereignisse. Selbstverständlich beziehen sich die Objekte jeder Welt auf die Objekte Oberhalb bzw. unterhalb von ihnen. Kräfte der einen erscheinen in der nächsten und so weiter

– wenn auch auf andere Art. Die Höchste Stufe, die Wurzel oder die Quelle, erschafft und lenkt die Ereignisse durch alle Welten hindurch, bis hinunter zu den Zweigen in unserer Welt.

Das Gleiche und doch das Gegenteil

Um den Unterschied in den substanziellen Eigenschaften in jeder Welt anzuzeigen, bekommen dieselben Elemente in jeder Welt andere Namen. In der Höheren Welt beispielsweise gibt es Engel, während es in unserer Welt Tiere gibt. Das bedeutet jedoch nicht, dass Tiere Engel sind. Doch wenn wir an das Konzept der Welt in der Welt im vorhergehenden Kapitel denken, werden wir uns daran erinnern, dass jedes Element der Wirklichkeit aus fünf Stufen besteht: 0 bis 4. Stufe 3 des Verlangens zu empfangen wird in der spirituellen Welt „Engel" genannt, und dieselbe Stufe wird in der physischen Welt als „Tier" bezeichnet.

Der Zusammenhang zwischen den Höheren und den niedrigeren Systemen ist vergleichbar mit dem Eintauchen eines Objekts in Wachs, Sand, Gips, Zement oder Teig. Das Endergebnis ist auf Grund der verschiedenen Substanzen unterschiedlich. Die Gestalt jedoch bleibt immer die gleiche. Obwohl die Eigenschaft der Materie bzw. ihr Verhalten unterschiedlich ist, entspricht die endgültige Form dem Umriss, der sie bildete.

Wissenswertes

Die Kabbala erklärt, dass am Ende der Korrektur, wenn all unsere Verlangen korrigiert sind, selbst der Engel des Todes heilig wird. Das bedeutet, dass wir dann erkennen werden, dass alle Kräfte, die wir für böse erachtet hatten, eigentlich gut sind, doch sie präsentierten sich uns als schlecht, um uns zur Korrektur zu bringen.

Doch die Materie ist immer gegensätzlich zu ihrer Form. Wenn man ein Brett mit einer kleinen Erhöhung in den Sand drückt, erhält man eine Fläche mit einem kleinen Krater darin. Auf ähnliche Weise stellt der Schöpfer die Form dar und wir bilden die Materie. Er ist der Gebende und wir sind die Empfänger.

Genau wie Erhöhung und Krater ist unser Verlangen zu empfangen das exakte Negativ Seines Verlangens zu geben. Es beinhaltet alle Elemente, die in Ihm existieren, aber auf umgekehrte Art: Was positiv in Ihm ist, ist negativ in uns. Und da Er nur positiv ist, sind wir … Erraten Sie es?

Die verborgene Bedeutung der Bibel

Die Bibel (oder Tora) ist eine erhabene Schrift, aber offen gesagt, ist sie zeitweilig eine langatmige Geschichte mit schier unendlichen Aufzählungen diverser Verwandtschaften. Man liest von Menschen, die heiraten, sich trennen, sich anlügen und sich gegenseitig ermorden. Eine berechtigte Frage stellt sich also: Was hat dies alles mit Spiritualität zu tun?

Gemäß der Kabbala aber erzählt die Bibel keine Geschichten über Menschen. Stattdessen zeigt sie Verbindungen zwischen spirituellen Kräften auf.

Die Bibel zeigt den Vorgang der Korrektur der Seelen durch die Höhere Kraft. Diese führt die Seelen auf den Weg ihres Aufstiegs, wenn in ihnen die Fähigkeit zu geben wächst. Bei Adam, Noah und Abraham handelt es sich nicht um Menschen, die irgendwann lebten und in der Gegend umherwanderten. Sie bezeichnen Kräfte, die über die zu korrigierenden Verlangen in jedem von uns wirken. Beispielsweise bedeutet der Auszug der Juden aus Ägypten nicht Freiheit von Sklaverei sondern vielmehr das Erreichen des ersten Massach (Schirm), das Überschreiten einer Barriere.

Spirituelle Funken

Bei spirituellen Konzepten, die nichts mit Zeit, Raum und Bewegung zu tun haben, und speziell wenn wir uns mit Gott beschäftigen, fehlen uns die Worte, um sie richtig auszudrücken. ... Aus diesem Grund wählten die Weisen eine spezielle Sprache, die wir „Sprache der Zweige" nennen.
Baal HaSulam, Die Lehre der Zehn Sefirot

Manche Geschichten scheinen weder Sinn noch Heiligkeit zu besitzen. Wenn wir sie lesen, sollten wir uns daran erinnern, dass es sich nicht um Ereignisse handelt, sondern um Geschichten über Kräfte. Sie können weder durch irdische Begriffe ausgedrückt noch begründet werden.

Hinter dem Bildschirm

Die Sprache der Zweige ist der Ausdruck Höherer Kräfte, die in unserer Welt wirken. Sie werden durch Objekte und Geschehnisse ausgedrückt. Woher kommt die Sprache? Sie ist wie ein Computerbildschirm: Wenn Sie hinter den Bildschirm blicken, werden Sie kein Bild erkennen, sondern nur die Elektronikbauteile.

Nehmen wir an, Sie sehen auf dem Bildschirm einen Strand. Hinter dem Bildschirm gibt es jedoch keinen Strand, sondern nur elektrische Impulse, Kräfte und Energieflüsse, die das Bild erzeugen. Das Bild ist der „Zweig" und die Elektronik dahinter ist seine „Wurzel". Die Verbindung zwischen der Elektronik (Wurzel) und dem Bild (Zweig) wird „Sprache der Zweige" genannt.

Spirituelle Funken
„Es gibt keinen Grashalm, über dem nicht ein Engel stünde, der ihn schlägt und ihm sagt: Wachse!"
Midrash Rabba

Hier eine Geschichte aus der Bibel in der Sprache der Zweige.

Die Geschichte vom Apfel
Sprechen wir über die biblische Schöpfungsgeschichte. Das Verlangen zu empfangen in der gemeinsamen Seele (wir) wird „Eva" genannt. Das Verlangen zu geben heißt „Adam". Egoismus – das Verlangen zu empfangen mit der Absicht zu empfangen – wird als „Schlange" bezeichnet und wir nennen es auch „Ego".

Das Ego will all unsere Verlangen übernehmen und uns in Richtung Egoismus drängen. So kam die Schlange zu Eva – dem Verlangen zu empfangen – und sagte: „Weißt du, du kannst dein Verlangen zu empfangen auf tolle Art nützen!" Und Eva ging zu Adam – dem Verlangen zu geben – und sagte: „Weißt du was? Wir haben hier die Chance, in die Höchste Welt aufzusteigen. Und außerdem will das der Schöpfer auch, daher machte Er uns zu Empfangenden."

Und sie biss ab. Das Verlangen zu empfangen und die Schlange (Egoismus) aßen den Apfel. Weil er ihnen schmeckte, dachten sie: „Warum nicht Adam (die Kräfte des Gebens) auch kosten lassen?" So tat sie. Als Ergebnis wurden alle Verlangen und der ganze Körper von Adam haRishon (die kollektive Seele) durch die Absicht zu empfangen verdorben und so entstand die Erbsünde.

Abraham – zwischen Ägypten und Israel
Abram wurde in Mesopotamien geboren, wanderte nach Israel aus und zog auf Grund einer Hungersnot schließlich nach Ägypten. Diese Reise hat eine spirituelle Bedeutung, weil diese Orte Stufen der Kräfte entsprechen. Sie erzählen tatsächlich die Geschichte der Korrektur der Verlangen.

Mesopotamien ist der Ausgangspunkt, an dem Abrams Verlangen noch egoistisch waren, wie Ihre und meine. Das Land Israel sind die „Verlangen zu geben". Ägypten wird Malchut genannt, das Verlangen zu empfangen. Es besteht aus egoistischen Wünschen, mit dem Pharao als deren Oberhaupt.

Wissenswertes

In der Kabbala bezeichnet Israel kein Stück Land. Der Name setzt sich aus zwei Wörtern zusammen: „Yashar" (direkt) und „El" (Gott). Für einen Kabbalisten gehört daher jeder mit einem starken Verlangen nach dem Schöpfer zu Israel.

Als Abram die Korrektur erreichte, änderte er seinen Namen zu Abraham – zusammengesetzt aus „Av" (Vater) und „ha Am" (das Volk) – die großen Verlangen zu empfangen waren in ihm aufgetaucht. Um diese Verlangen abzugleichen, brauchte er das Verlangen zu geben, welches garantierte, dass am Ende alle Verlangen korrigiert würden. Immer wenn Abraham seinen Wunsch zu geben vergrößerte, ging er nach Israel und immer wenn er seinen Wunsch zu empfangen vergrößerte, nach Ägypten. Daher wird auch die Bewegung nach Israel als Aufstieg und jene nach Ägypten als Abstieg bezeichnet.

Der Wunsch zu geben für sich alleine ist machtlos. Man kann dem Schöpfer nur geben, wenn man auch von Ihm empfängt. Daher fragte Abraham sich: „Wie kann ich wissen, dass ich dieselbe Stufe des Gebens wie der Schöpfer erreichen werde?" Abraham konnte nichts empfangen, weil er sich in einem Zustand des Gebens befand. Der Schöpfer legte Samen in die Erde Ägyptens und sagte zu ihm, dass er das volle Ausmaß des Wunsches zu empfangen bekommen würde.

Abraham war entzückt. Nach dem Exil, wenn sich seine Leute mit den Ägyptern vermischen und deren Verlangen übernehmen würden, würden sie korrigiert und sie würden wissen, wie man empfängt, um zu geben. Dies ist das Muster, durch das jeder Mensch Erkenntnis erlangen kann und das Ende der Korrektur erreicht.

Die Bibel sagt, dass Abraham wegen einer Hungersnot nach Ägypten ging. Es war eine spirituelle Hungersnot, denn er wollte geben, doch er hatte nichts zu geben. Für Abraham gleicht eine Situation, in der er nichts geben kann, einer Hungersnot – der Abwesenheit des Verlangens zu empfangen. Wenn ein Mensch stufenweise einen größeren Wunsch zu empfangen entwickelt, wir dies als Exil in Ägypten bezeichnet. Wenn man aus dieser Erfahrung mit einer größeren Menge an Empfangsgefäßen heraustritt, kann man beginnen, sie zu korrigieren, um sie für das Geben zu verwenden.

Tauziehen zwischen Moses und dem Pharao

Die nächste biblische Schlüsselgeschichte aus kabbalistischer Perspektive handelt von Moses. Der die Israeliten versklavende Pharao hat eine tiefere Bedeutung, als es auf den ersten Blick erscheint.

Der Pharao träumte von sieben fetten und sieben mageren Jahren. Die fetten Jahre – Reichtum – bestehen aus einem anfänglich großen Verlangen nach Spiritualität und einem damit einhergehenden Glücksgefühl. Man denkt, man könne die Spiritualität erreichen, indem man sein Ego nutzt. Man ist bereit zu lesen, zu studieren und alles Mögliche zu tun. Die mageren Jahre folgen, sobald man merkt, dass man ohne die Überwindung des Egos und die Eigenschaft des Gebens die Spiritualität nicht erreichen kann. Denn man kann nicht geben, selbst wenn man es will. Man ist irgendwo dazwischen gefangen – das ist Ägypten.

Wenn man eine Änderung herbeiführt, wächst der „Pharao". Ihr Pharao ist Ihr Ego. Er zeigt Ihnen unangenehme Dinge im gegenwärtigen Zustand. Wenn es noch unangenehmer wird, wollen Sie entkommen bzw. in die Spiritualität fliehen. Sie wollen raus, auch wenn es dort nichts Anziehendes und Angenehmes gibt. Wenn Sie erst Ihr Ego enthüllen, werden Sie sich verändern wollen.

Der Name Moses stammt von „Moshech" (ziehen). Dies ist der Punkt, der Sie aus Ägypten herauszieht, genau wie der Messias, dessen Name ebenfalls von diesem Wort abstammt. Moses ist eine Metapher für das Gefühl, gegen sein Ego aufzustehen und zu sagen: „Ich denke wirklich, wir sollten gehen." Die große treibende Kraft ist der Pharao. Die kleine ziehende Kraft ist Moses. Dieses Ziehen ist der Anfang Ihrer Spiritualität, der Punkt in Ihrem Herzen.

Das klassische Happy End – die Geschichte von Esther

Die Geschichte behandelt die letztendliche Korrektur des Verlangens zu empfangen, genannt Hamman. Mordechai (das Verlangen zu geben) und Hamman teilen sich ein Pferd. Hamman reitet zuerst, dann lässt er Mordechai aufsitzen und geht nebenher. Dies zeigt, wie das Verlangen zu empfangen sich letztendlich dem Verlangen zu geben unterwirft und die Zügel aus der Hand gibt.

Esther – aus dem hebräischen Wort „Hester" (Verhüllung) – bezeichnet das verborgene himmlische Königreich. Sie ist verborgen, genau wie Ahasuerus, der Schöpfer, der scheinbar weder gut noch schlecht ist. Ein Mensch, der dies erfährt, weiß nicht, was richtig oder falsch ist und ob der Schöpfer gut oder schlecht ist.

Esther ist auch mit Mordechai verwandt – dem Willen zu geben. Mordechai ist wie Moses der Punkt von Bina in der Seele (nur auf einer anderen Stufe), der einen Menschen zum Licht zieht.

Wenn das Verlangen zu geben auftaucht, wird es manchmal nicht richtig erkannt. Es ist verborgen, wie die Königin Esther. Man weiß nicht genau, ob die Handlung tatsächlich eine gebende ist. Doch wenn Mordechai bereits reitet, kann Ihr Verlangen zu empfangen sich selbst korrigieren.

Wissenswertes

Der fröhlichste Feiertag des hebräischen Kalenders ist Purim, an dem die Geschichte von Hamman und Mordechai erzählt wird. Dieser Feiertag repräsentiert das Ende der Korrektur und schreibt Trinken vor, bis wir Mordechai von Hamman nicht mehr unterscheiden können – Egoismus von Altruismus. Denn am Ende der Korrektur werden alle Verlangen korrigiert und arbeiten dann im Geben an den Schöpfer; damit ist die Art des Verlangens egal, denn alles geschieht in der Absicht zu geben.

Der Sohar – nicht ohne Erkenntnis

Der gesamte Sohar und selbst die Legenden sprechen von den Zehn Sefirot – Keter, Chochma, Bina, Chessed, Gwura, Tiferet, Nezach, Hod, Jessod und Malchut – und ihren Wechselwirkungen. Für einen Kabbalisten dienen alle Eintragungen und ihre variantenreichen Kombinationen zur Enthüllung aller spirituellen Welten.

Rabbi Shimon Bar-Yochai (Rashbi), der Autor des Sohar, hatte ein großes Problem. Er wusste nicht genau, wie er das Wissen der Kabbala für zukünftige Generationen aufbereiten sollte. Er wollte die Menschen nicht voreilig mit dem Inhalt des Sohar konfrontieren. Er fürchtete, die Menschen zu verwirren und sie vom wahren Weg abzulenken.

Um Verwirrung zu vermeiden, übergab er das Schreiben an Rabbi Aba, der auf solch spezielle Weise zu schreiben wusste, dass nur die Würdigen das Verfasste verstanden. Die besondere Sprache des Sohar verstehen nur jene, die bereits die spirituelle Leiter erklommen haben – Menschen, die die Barriere bereits hinter sich gelassen und eine bestimmte spirituelle Stufe erreicht haben. Und entsprechend dieser Stufe erfassen sie das Buch.

Heute sind die meisten Seelen zu materialistisch und egoistisch, um den Sohar zu verstehen. Sie benötigen Werkzeuge, um sie zuerst auf die spirituelle

„Umgebung" vorzubereiten. Wie ein Space Shuttle, das zunächst einen enormen Antrieb braucht, um sich später aus eigener Kraft fortzubewegen. Eine unterstützende Umgebung, Lehrer und richtige Bücher geben dem spirituellen Verständnis dann den „Schwung".

Es gibt unterschiedliche Erzählstile im Sohar. Er ist in mehreren Sprachen geschrieben, je nachdem, wie die spirituellen Zustände ausgedrückt werden sollen. Dies führt gelegentlich zu Verwirrung. Wenn das Buch über Gesetze spricht, könnte man irrtümlich glauben, dass von Moralvorschriften die Rede ist. Wenn Geschichten erzählt werden, assoziiert man diese vielleicht mit Fabeln. Ohne spirituelle Erkenntnis ist es daher sehr schwierig, den Inhalt des Sohar zu verstehen.

Manches im Sohar ist in der Sprache der Kabbala geschrieben und manches in der Sprache der Legenden. Wir zeigen Ihnen nun einige Beispiele.

Der Eseltreiber

Im Sohar gibt es eine wunderbare Geschichte über einen Mann, der die Esel von wichtigen und reichen Leuten führt, damit diese sorglos gehen und über ihre Geschäfte sprechen können. Doch der Eseltreiber aus dem Sohar ist eine helfende Kraft für einen Menschen, der bereits eine eigene Seele besitzt.

In der Geschichte sprechen zwei Männer über spirituelle Dinge, während sie von einem Ort zum anderen wandern. Jedes Mal, wenn sie einer unlösbaren Frage gegenüberstehen, gibt ihnen der Eseltreiber eine „wunderbare" Antwort. Als sie fortschreiten (dank der Antworten des Eseltreibers) bemerken sie, dass es sich bei dem Eseltreiber um einen vom Himmel gesandten Engel handelt, der nur einen Zweck erfüllt: sie im Fortschritt zu unterstützen. Wenn sie die letzte Stufe erreichen, sehen sie, dass der Eseltreiber bereits dort ist und auf sie wartet.

Die kabbalistische Interpretation: Der Esel entspricht unserem Verlangen zu empfangen, also unserem Egoismus. Sie und ich haben einen Eseltreiber, der nur darauf wartet, dass wir in die Spiritualität eintreten, damit er uns führen kann. Doch genau wie in der Legende erkennen wir den Eseltreiber erst dann, wenn wir seine Stufe erreichen – am Ende der Korrektur.

Die Nacht der Braut

Vor dem Ende der Korrektur gibt es einen besonderen Zustand, der „Nacht der Braut" genannt wird. Die Geschichte im Sohar handelt von den Hochzeitsvorbereitungen einer Braut. Die Braut symbolisiert die kollektive Seele. Sie ist ein Kli, das bereit ist, sich mit dem Schöpfer zu verbinden.

Wenn man diesen Zustand erreicht, fühlt man, dass sein Kli bereit ist für die spirituelle Einheit. Der Bräutigam entspricht dem Schöpfer. Es heißt „Nacht", weil „Dwekut" (Anheftung, Einheit) noch nicht sichtbar ist und das Licht noch nicht die Gefäße füllt. Nacht bedeutet, dass die Gefäße noch Dunkelheit spüren – die Abwesenheit der Einheit.

Der Tagesanbruch verspricht die vollkommene Erfüllung am Ende der Korrektur, doch der Sohar sagt uns nicht genau, warum dies gut ist – nur dass es Vollkommenheit, Licht und Frieden bringt.

Der Beginn der letzten Generation

Die Schriften im Baum des Lebens des ARI kennzeichnen die letzte Phase in der Entwicklung der Seelen. Der ARI beschrieb diese Phase als die letzte Generation. Von nun an sollte die Weisheit der Kabbala aus der Verborgenheit heraustreten, obwohl dies noch Jahrhunderte dauern würde. Mit ihm begann eine neue Ära.

Kabbalistische Autoren spüren, dass sie sich in der letzten Phase vor der Korrektur befinden, denn sie wissen, dass es nur eines kleinen MaN (Gebet um Korrektur) bedarf, um alles zu enthüllen und den Leiden des irdischen Lebens ein Ende zu setzen. Es fehlt nur ein winziges Fragment, um die Verbindung herzustellen. Diese Lücke zu füllen liegt an uns und daher verbreiten die Kabbalisten ihr Wissen, um mehr Seelen zur Korrektur zu bringen. Sie erkennen deutlich, dass wir nahe dran sind.

Das Studium der Zehn Sefirot

Die Worte von Rabbi Shimon Bar-Yochai wurden von seinem Schüler Rabbi Aba im Sohar aufgeschrieben. Die Worte des ARI wurden von seinem Schüler Chaim Vital aufgeschrieben. Doch Rav Yehuda Ashlag, auch Baal HaSulam (Herr der Leiter) genannt auf Grund seines Sulam-Kommentars (Sulam = Leiter) zum Buch Sohar, schrieb im Gegensatz zu seinen Vorgängern seine Bücher selbst.

Das „Flaggschiff" seiner Arbeiten ist der Kommentar zu den Schriften des ARI – Talmud Eser Sefirot (Das Studium der Zehn Sefirot). In sechs Bänden und auf mehr als 2000 Seiten erklärt Baal HaSulam den nicht entwickelten Seelen des 20. und 21. Jahrhunderts, was der ARI im Baum des Lebens schrieb. In seiner Einführung zum Studium der Zehn Sefirot sagt er deutlich, dass sein Zielpublikum jene Menschen seien, die sich nach dem Sinn ihres Lebens fragen.

Zusammenfassung

- Alle Dinge in dieser Welt sind Zweige von Wurzeln, die als erstes in der spirituellen Welt erscheinen.
- Die Bibel ist in der Sprache der Zweige geschrieben; sie verwendet irdisches Vokabular, um auf spirituelle Vorgänge hinzuweisen.
- Die Geschichten der Bibel und Der Sohar handeln nicht von Menschen, sondern von spirituellen Kräften, die auf die Seelen wirken.
- Das Buch, das sich auf unsere Korrektur bezieht, ist 'Das Studium der Zehn Sefirot' und wurde von Baal HaSulam verfasst.

■ 10. Die Bedeutung von Buchstaben und Worten

Essenz

- Das Verständnis von hebräischen Buchstaben, Worten und Zahlen
- Die Verbindung: Schöpfer – Schöpfung – Verlangen
- Wie Zahlen, Wörter und Buchstaben Ihre Korrektur widerspiegeln

Die hebräische Sprache und ihre Schreibweise sind durch die Kommunikation mit den Höheren Welten entstanden. Die Kombination der Buchstaben und ihre Darstellung durch die Formen der Tintenstriche sind mit spirituellem Wissen verbunden.

Normalerweise stellen Buchstaben, Wörter und Zahlen drei verschiedene Dinge dar, doch in der Kabbala durchdringen sie einander. Durch ihre Beziehungen zueinander erhalten sie größere spirituelle Bedeutung. Alle Buchstaben und die Wörter, die sie bilden, haben eine eigene spirituelle Geschichte, die wir uns nun genauer anschauen werden.

Die Verbindung von Buchstaben, Wörtern und Zahlen

Im Hebräischen entspricht jeder Buchstabe einer Zahl. Somit bildet jedes Wort oder jeder Name eine Zahlenreihe. Die Zahlenreihe kann als solches betrachtet werden oder man bildet die Quersumme. Wenn Wörter die gleichen Zahlen enthalten bzw. die gleiche Quersumme bilden, dann wird angenommen, dass sie verwandt oder sogar identisch in ihrer Bedeutung sind.

Buchstaben entstehen durch spirituelles Empfinden. Jeder Strich, jede Form eines Buchstaben hat eine spirituelle Bedeutung.

Somit steckt in jedem hebräischen Buchstaben die verschlüsselte Botschaft, die der Autor vom Schöpfer erhält. Während er schreibt, wirkt der Schöpfer auf ihn, und dies findet Ausdruck in jedem Buchstaben und jedem Wort.

Auch die Farbe der Schrift gibt Aufschlüsse darüber, wie die Schöpfung (schwarze Tinte) mit dem Schöpfer (weißes Papier) verbunden ist. Ohne Papier und Tinte könnte man die Schöpfungsgeschichte weder lesen noch verstehen.

Die spirituelle Landkarte

Die Tora ist das Hauptwerk der Juden und des „Alten Testamentes" der Christen und gleichsam ein kabbalistischer Text. Die Buchstaben enthalten alle Informationen, die vom Schöpfer ausgeströmt werden. Zwei Grundlinien bestimmen ihre Form. Diese beiden Grundlinien stehen für zwei Arten des Lichts. Die vertikalen Linien repräsentieren das Licht der Weisheit oder des Vergnügens.

Die horizontalen Linien stehen für das Licht der Barmherzigkeit oder der Korrektur. (Es gibt auch diagonale und kreisförmige Linien, die spezielle Bedeutungen haben, aber diese zu erläutern würde den Rahmen des Buches sprengen.)

Diese verschlüsselten Botschaften kommen vom Licht, das sich verändert, wenn sich Ihr Kli (Verlangen) ausbildet. Durch das Licht wird Ihr Verlangen größer. Wenn das Licht in Ihr Kli einströmt, wird das Taamin (Geschmäcker) genannt und wenn das Licht Ihr Kli wieder verlässt, spricht man vom Nekudot (Punkte). Die Erinnerung an das einströmende Licht heißt Tagin (Kronen) und die an das ausströmende Licht Otiot (Buchstaben).

Alle Buchstaben beginnen mit einem Punkt. Ein vollständiger spiritueller Zustand besteht aus dem Einströmen, dem Ausströmen und der Erinnerung an das Ein- und Ausströmen. Das vierte und letzte Element erschafft die Buchstaben und die anderen drei werden als winzige Symbole hinzugefügt: Taamin (Geschmäcker), Tagin (Kronen) und Nekudot (Punkte), die über, ober- und innerhalb der Buchstaben geschrieben werden.

Wenn der Kabbalist die Tora in der richtigen Art und Weise liest, dann kann er beim Betrachten der Symbole durch ihre Kombinationen ihre vergangenen, gegenwärtigen und zukünftigen Zustände spüren. Um dies zu spüren, genügt es also nicht, den Text einfach nur zu lesen. Man muss die verschlüsselte Botschaft erkennen.

Bestimmte Buchstabenkombinationen können anstatt der Sprache von Sefirot und Parzufim verwendet werden, um bestimmte spirituelle Zustände oder die spirituellen Welten zu beschreiben.

Den Schlüssel, um die Tora wie beschrieben zu lesen, finden wir im Buch Sohar. Im Wesentlichen besteht es aus Kommentaren zu den fünf Abschnitten der Tora und erklärt, was in den Fünf Büchern Moses verborgen ist.

Die Buchstaben enthalten Informationen über den Schöpfer. Genauer gesagt, beschreiben sie, wie der Schöpfer wahrgenommen werden kann. Kabbalisten beschreiben den Schöpfer als weißes Licht – dem entspricht das weiße Papier, auf dem die Buchstaben geschrieben sind. Durch die Buchstaben und Wörter werden die verschiedenen Gefühle betont, die man bei der Wahrnehmung des Schöpfers hat. Deswegen verwenden die traditionellen hebräischen Schriften schwarze Buchstaben auf weißem Papier.

Die hebräischen Buchstaben sind wie eine spirituelle Landkarte zu verstehen, die alle Formen des spirituellen Verlangens beschreibt. Und in der Tora sehen wir, wie sie miteinander verbunden sind.

> ### Kabbalistische Begriffe
> *Es gibt den Ausströmenden und die Ausgeströmten. Der Ausströmende besteht aus vier Elementen: Feuer, Luft, Wasser und Erde, welche die vier Otiot (Buchstaben) sind: Yod, Hey, Vav, Hey, die wiederum Chochma, Bina, Tiferet und Malchut entsprechen. Außerdem sind sie Taamin, Nekudot, Tagin, Otiot und Azilut, Brija, Yezira, Assija.*
>
> *Der Heilige ARI, Der Baum des Lebens*

Punkte und Linien
Die Linien und Punkte der hebräischen Buchstaben bilden auf dem blanken, leeren Papier Formen ab. Das Papier symbolisiert das Licht oder den Schöpfer. Die schwarze Tinte auf dem Papier ist die Schöpfung.

Eine vertikale Linie (|) bedeutet, dass das Licht von Oben, vom Schöpfer zur Schöpfung herab scheint. Eine horizontale Linie (–) bedeutet, dass der Schöpfer sich auf alles Leben bezieht (so wie die Konturen einer Landschaft). Die Form der hebräischen Buchstaben entsteht aus Malchut (schwarze Tinte) und Bina (das weiße Papier). Der schwarze Punkt ist Malchut. Wenn sich der Punkt mit dem Licht verbindet, kommt zum Ausdruck, wie das Licht in verschiedenen Formen und Gestalten aufgenommen wird. Die Formen zeigen, wie die Schöpfung (schwarze Tinte) und der Schöpfer (der weiße Hintergrund) auf verschiedenartige Weise aufeinander wirken.

Jeder Buchstabe steht für die verschiedenen Konstellationen der Kräfte. Die Form und die Aussprache der Buchstaben entsprechen den Eigenschaften des Schöpfers und diese Eigenschaften werden durch die verschiedenen Formen der Buchstaben ausgedrückt.

Schwarz auf Weiss

Die hebräischen Buchstaben stellen auch Kelim (Gefäße) dar. Im Sohar wird beschrieben, wie die einzelnen Buchstaben vor dem Schöpfer erschienen sind und von Ihm für die Erschaffung des Universums ausgewählt wurden. Einfacher ausgedrückt, baten die Buchstaben um Seinen Segen, um ihn an die Schöpfung weiterzugeben; so wie ein Kli (Gefäß) mit Wasser gefüllt und dieses Wasser verteilt wird, um Leben zu erschaffen.

Tipps und Tricks

Selbst wenn wir das feinste Wort betrachten – das Wort „Höheres Licht" oder „Einfaches Licht" –, so ist das Wort oder die Empfindung doch dem Licht der Sonne „entwendet" oder dem Kerzenlicht oder dem Licht der Zufriedenheit, das jemand empfindet, nachdem er einen großen Zweifel ausgeräumt hat. ... Wie können wir sie im Kontext des Spirituellen, des Göttlichen verwenden? ... Das gilt besonders, wenn jemand etwas Rationales in diesen Worten finden will, um in der Erforschung dieser Weisheit Hilfe zu finden. Hier muss man sehr genau vorgehen, wenn man klar umrissene Beschreibungen verwendet ...

Baal HaSulam, Die Essenz der Weisheit der Kabbala

Weiß symbolisiert also das Licht (Geben) und schwarz die Dunkelheit (Empfangen). Deshalb sind die Eigenschaften des Schöpfers absolut weiß, symbolisiert durch das weiße Papier. Schwarz entspricht der Schöpfung und wird durch die schwarze Tinte symbolisiert. Der Schöpfer und die Schöpfung können nicht getrennt voneinander begriffen werden. Zusammen ergeben sie die Buchstaben und Symbole, die gelesen und somit verstanden werden können.

Betrachten Sie es so: Kann der Schöpfer ohne die Schöpfung „Schöpfer" genannt werden? Um der Schöpfer zu sein, muss Er schöpfen. Diese Dualität zwischen Schöpfer und Schöpfung ist die Grundlage von allem Existierenden.

Die Form der Buchstaben symbolisiert die Verbindung zwischen dem Schöpfer und Ihnen. Buchstaben bestehen nicht nur aus schwarzen Linien, sondern haben eine eindeutige Gestalt, die für die korrigierte Beziehung zwischen Geschöpf und Schöpfer steht.

Diese Verbindung besteht aus Kontrast und Kollision. Als Geschöpfe nehmen Sie und ich Licht nur dann wahr, wenn es auf etwas trifft, beispielsweise auf die Netzhaut des Auges. Licht, Schall oder andere Arten von Wellen treffen auf die Oberfläche eines Gegenstandes und dadurch kann dieser Gegenstand von uns wahrgenommen werden.

Da das Papier dem Licht entspricht, muss es auf die schwarze Tinte (den Buchstaben) treffen. Erst dann kann es wahrgenommen werden. Die schwarzen Linien der Buchstaben wirken wie eine Schranke auf das Licht, da Schwarz das Gegenteil von Licht ist. Das Licht trifft auf den Massach (Widerstandskraft) des Geschöpfes und will in das Kli eindringen und dort Vergnügen bereiten. Anstatt das Licht wieder zu reflektieren, bildet der Kampf zwischen dem abstoßenden Massach und dem einwirkenden Licht eine mächtige Verbindung. Auf dem Auftreffen des Lichts auf den Massach gründet die Beziehung zwischen Licht und Buchstaben.

Auf diese Weise begrenzen die schwarzen Linien der Buchstaben das Licht. Wenn das Licht auf eine Linie trifft, wird das Licht gebremst und dann kann das Kli es genau betrachten. Gleichsam kann der Schöpfer nur erforscht werden, wenn Sein Licht „gebremst" und studiert wird. Es kling ein wenig ironisch, aber nur wenn man den Schöpfer eingrenzt, kann man lernen, genauso frei zu sein wie Er. Der Massach wirkt wie ein Prisma: Das Licht wird in seine Spektralfarben aufgespalten und somit kann man jede Farbe einzeln auswählen und entscheiden, wie viel von jeder Farbe man verwenden möchte.

Buchstaben und Welten

Im Hebräischen gibt es 22 Buchstaben. Die ersten neun Buchstaben, Alef bis Tet, repräsentieren den unteren Teil von Bina. Die nächsten neun, Yud bis Zadik, stehen für Seir Anpin und die letzten vier, Kof bis Tav, verkörpern Malchut, das Geschöpf selbst.

Zusätzlich zu diesen „regulären" Buchstaben, gibt es fünf Endbuchstaben. Im Bild unten kann man sehen, dass dies keine neuen Buchstaben sind. Auch dafür gibt es einen guten Grund.

א	= Alef	1	י	= Yud	10	ק	= Kuf	100
ב	= Bet	2	כ	= Kaf	20	ר	= Resh	200
ג	= Gimel	3	ל	= Lamed	30	ש	= Shin	300
ד	= Dalet	4	מ	= Mem	40	ת	= Tav	400
ה	= Hej	5	נ	= Nun	50			
ו	= Waw	6	ס	= Samech	60			
ז	= Sajn	7	ע	= Ajn	70			
ח	= Chet	8	פ	= Pe	80			
ט	= Tet	9	צ	= Zadi	90			

Letzte Buchstaben

ך	= Letztes Chaf	20
ם	= Letztes Mem	40
ן	= Letztes Nun	50
ף	= Letztes Pe	80
ץ	= Letztes Zadi	90

Die hebräischen Buchstaben und deren numerische Werte

Praktische Umsetzung

Die Eigenschaften des Schöpfers können auf die gleiche Weise wie die Farben eines Gegenstandes untersucht werden. Wenn Sie einen roten Ball sehen, erscheint dieser Ball deswegen rot, weil das rote Licht reflektiert wird. Genauso kann ein Teil des Lichtes des Schöpfers reflektiert werden. Zuerst muss all das Licht, das vom Schöpfer ausströmt, reflektiert werden. Erst dann können Sie entscheiden, was Sie damit anfangen wollen.

Die ursprünglichen 22 Buchstaben sind alle in der Welt Azilut zu finden, der höchsten der fünf Welten, wie in Kapitel 7 vorgestellt. Da diese 22 Buchstaben aus der Welt, die am nächsten zum Schöpfer liegt, kommen, stehen sie für die korrigierte Verbindung zwischen der Schöpfung und dem Schöpfer. Die letzten fünf Buchstaben sind das Verbindungsglied zwischen dem korrigierten Zustand (die Welt Azilut) und den Welten des unkorrigierten Zustandes, Brija, Yezira, Assija (BYA). Da die Schöpfung aus fünf Stufen besteht, muss das Verbindungsglied zwischen Azilut und BYA aus fünf Formen bestehen, eben den fünf letzten Buchstaben.

Der Buchstabe Bet ist der erste Buchstabe der Tora und der zweite Buchstabe des hebräischen Alphabets. Es ist der erste in der Tora, weil Bet für die korrigierte Verbindung zwischen Bina und Malchut, dem so genannten Beracha (Segen) steht. Der Segen wird empfangen, wenn Malchut (die Schöpfung, wir) sich mit Bina (dem Schöpfer) verbindet. Wir können uns mit Ihm nur verbinden, wenn wir wie Er sein wollen, damit ist die „korrigierte Verbindung" gemeint. Wenn Malchut das Verlangen hat, wie Bina zu sein, also wenn Sie und ich wie der Schöpfer sein wollen, dann wird dies „Segen der korrigierten Verbindung" genannt (Beracha).

Einer, Zehner und Hunderter

Alle Buchstaben sind aufgeteilt in drei numerische Kategorien: Einer, Zehner und Hunderter.

Die Stufe Bina entspricht den Einern: Alef, Bet, Gimel, Dalet, Hej, Waw, Sayin, Chet, Tet. Dies sind die neun (1-9) Sefirot von Bina.

Die Stufe Seir Anpin entspricht den Zehnern: Yud, Chaf, Lamed, Mem, Nun, Samech, Ajin, Pe, Zadik. Dies sind die neun (10-90) Sefirot von Seir Anpin.

Die Stufe Malchut entspricht den Hundertern: Kof, Resh, Shin, Tav. Dies sind die vier (100-400) Sefirot von Malchut.

Da stellt sich die Frage, was mit den Zahlen ist, die größer als 400 sind. Hebräisch ist eine spirituelle und keine mathematische Sprache. Die Sprache bildet spirituelle Zustände ab, und um den Aufbau der Welt Azilut (die „Heimat" der Buchstaben) zu beschreiben, sind nicht mehr Zahlen nötig. Mit diesen 22 Buchstaben kann alles vom Anfang der Schöpfung bis in alle Unendlichkeit erklärt werden.

Wie wird also eine komplizierte Zahl wie 248 wiedergegeben? Durch die drei Buchstaben Resh (200), Mem (40) und Het (8). Und wie wird eine Zahl größer als 200, wie zum Beispiel 756, gebildet? Mit mehr als drei Buchstaben: Tav (400) + Shin (300) + Nun (50) + Vav (6) = 756.

Diese Zahl kann natürlich aus vielen anderen Kombinationen gebildet werden. Aber dabei muss beachtet werden, dass zwei Wörter, wenn sie die gleiche

Summe bilden, spirituellen Synonymen entsprechen und somit die gleiche spirituelle Bedeutung haben.

Nun betrachten wir, wie die Zahlen und die Entwicklung des spirituellen Verlangens zusammenhängen. Zahlen entsprechen der Größe des Kli. Je größer die Zahl, desto mehr Licht strömt ein. Wenn in Ihrem Verlangen nur einstellige Ziffern vorkommen, also das Verlangen klein ist, dann ist auch nur wenig Licht vorhanden. Wenn Zehner dazu kommen und Ihr Verlangen wächst, dringt auch mehr Licht ein. Mit den Hundertern erreicht Ihr Verlangen den Höhepunkt und das Licht, welches durch die Buchstaben symbolisch dargestellt wird, füllt Ihre spirituellen Kelim (Mehrzahl von Kli).

Nun wird die Sache allerdings kompliziert, denn es gibt eine Ausnahme in der Kabbala: Zahlen können auch das Licht, nicht nur das Verlangen repräsentieren. In diesem Fall sind die Einer (wenig Licht) in Malchut, die Zehner in SA und die Hunderter in Bina. Dies entsteht aus dem umgekehrten Verhältnis zwischen Licht und Kli (Verlangen). Es erscheint zuerst verwirrend, aber das größte Licht des Schöpfers strömt nur dann in Ihr Kli, wenn Sie Ihre niedrigsten Verlangen aktivieren.

Hier die numerische Entsprechung jeder Stufe und das zugehörige Licht, welches das Gefäß füllt:

Bina   — Licht (100);   Kli (1)
SA   — Licht (10);   Kli (10)
Malchut — Licht (1);   Kli (100)

Wenn 'Gott' = 'Natur' und 'Natur' = 'Verlangen', dann...

Nun ein anderer Zusammenhang, dessen Betrachtung sich lohnt: Wenn Sie die numerischen Werte der Buchstaben des Wortes HaTewa (Natur) zusammenzählen, dann kommt 86 heraus. Wenn Sie den Wert der Buchstaben des Wortes Elokim (Gott) addieren, ist das Ergebnis ebenfalls 86. Und schließlich die Summe der Buchstaben Kos (Gefäß), die ebenfalls 86 ergeben. Die Kabbala zeigt die Gleichbedeutung der Worte Gott, Gefäß und Natur, wie in Kapitel 2 erwähnt. Und so funktioniert das.

Es wurde schon erklärt, dass wenn zwei Worte die gleiche Quersumme haben, sie auch gleiche spirituelle Bedeutung haben. Daher ist die kabbalistische Aussage hier sehr interessant (wenn auch ein wenig komplex):

- Die Natur und der Schöpfer sind ein und dasselbe. Nur weil wir das nicht erkennen können, heißt das nicht, dass es nicht so ist. Bakterien können wir auch nicht mit dem bloßen Auge erkennen, trotzdem sind sie da.

- In der Kabbala symbolisiert ein Gefäß ein Kli, also das Verlangen zu Empfangen. Darum ist die Natur und unser Kli dasselbe. Wie schon oben erwähnt, gilt das auch, wenn wir dies nicht spüren können. Dadurch, dass die Wörter den gleichen Wert haben, liegt hier die Chance unsere Verlangen nach dem Vorbild der Natur zu korrigieren bzw. zu ändern.

- Wenn wir unsere Verlangen (Kli) der Natur angleichen, gleichen wir uns auch dem Schöpfer an (da Natur und Schöpfer Synonyme sind). Einfach ausgedrückt, werden wir den Schöpfer erkennen, wenn wir unser Kli der Natur angleichen.

Als Gleichung dargestellt, sieht dies so aus:
Wenn A = B, und B = C, dann ist A = C.

Die Bausteine des Lebens

Diese „Spiele" der Kabbalisten mit Buchstaben und Zahlen nennt man Gematria. Die alten Kabbalisten haben Gematria so perfektioniert, dass sie die ganze Schöpfung und die Beziehung zwischen Schöpfer und Schöpfung durch Gematria beschreiben konnten und können, wie im Folgenden erklärt wird.

Gematria drückt den Zustand eines Kli aus, wenn es den Schöpfer entdeckt. Das Kli entdeckt Ihn innerhalb seiner eigenen Beschaffenheit. Das Kli besteht aus zehn Sefirot. Diese zehn Sefirot sind durch die Spitze des Buchstaben Yod unterteilt und dann wieder durch die Buchstaben Yod, Hey, Vav und Hey. Die Anordnung dieser vier Buchstaben wird auf Griechisch „Tetragrammaton", auf Hebräisch „HaWaYaH" und auf Englisch „Yaweh" oder „JHWH" oder „Jehowah" genannt.

Die erste Sefira, Keter, gehört zu der Spitze von Yud; die zweite Sefira, Chochma, zu Yud, und die dritte Sefira, Bina, zu Hej. Die nächste Sefira, SA, enthält sechs interne Sefirot: Chesed, Gwura, Tiferet, Nezach, Hod und Jessod. All diese Sefirot sind in dem Buchstaben WaW enthalten. Das letzte Hej ist Malchut, welches die letzte Sefira ist.

Genau genommen entspricht HaWaYaH nicht nur dem Aufbau eines Kli, sondern allen Kelim und allem, was jemals war, ist und sein wird. Es sind die

Bausteine des Lebens. Egal wie klein sie sind, jedes Teilchen besteht aus 10 Sefirot, die wiederum in HaWaYaH (hebräisch für Leben, Sein) zu finden sind.

Abraham nahm es persönlich (und Sie können das auch)

Es ist wichtig zu verstehen, dass es eine Verbindung zwischen den Buchstaben, Sefirot und dem Kli gibt, da in der Kabbala der Name einer Person für deren spirituelles Kli steht. Zum Beispiel entspricht Abraham einer speziellen Verbindung zwischen dem Schöpfer und der Schöpfung. Abraham stellt eine Seele dar, die eine bestimmt Form der Korrektur gemacht hat. Als Abraham geboren wurde, hieß er Abram. Aber als er sich korrigierte und sein Verlangen sich von einem egoistischen zu einem altruistischen gewandelt hatte, änderte sich sein Name zu Abraham. Das seinem Namen zugefügte „h" entspricht dem Hej von Bina, der altruistischen Eigenschaft des Schöpfers. Dies zeigt, dass er auf diese spirituelle Stufe gestiegen ist.

Wissenswertes

Es wurde schon erklärt, dass es in der Kabbala das Böse nicht gibt. Es kommt immer auf die Betrachtungsweise an. Der Pharao wird als böse Kraft angesehen. Kabbalisten haben die hebräischen Buchstaben des Namens „Pharao" umgekehrt, und entdeckten, dass das Wort eigentlich „Oref Ha" (die Kehrseite des Schöpfers) bedeutet. Mit anderen Worten ist Pharao eigentlich der Schöpfer, der Sie mit aller Härte antreibt, sich spirituell zu entwickeln, wenn Sie dies nicht freiwillig tun. Wenn Sie mit all Ihrer Kraft dem spirituellen Wachstum entgegenstreben, werden Sie erkennen, dass der Pharao eigentlich Ihr Freund ist.

Entdecken Sie Ihre Wurzel und Ihren Namen

Alle Buchstaben finden wir in uns und nirgendwo sonst. Sie sind spirituelle Kelim, also Erfahrungen, die wir auf dem Weg unserer spirituellen Entwicklung schon gemacht haben und wieder machen werden.

Die Kelim spüren den Schöpfer und wenn wir die wahre Bedeutung der Buchstaben kennen, dann erkennen wir in all den Linien, Punkten und Kreisen der Buchstaben die Verbindung zwischen uns und den spirituellen Welten. Jeder Mensch hat etwas, dass „Wurzel der Seele" genannt wird. Wenn wir die spirituellen Stufen emporsteigen und die Buchstaben, Worte und Zahlen in uns erkennen, nähern wir uns langsam unserem wahren Selbst.

Es gibt nur eine Schöpfung. Diese Schöpfung wurde in 600.000 Teile aufgeteilt, welche wiederum in die vielen Milliarden Seelen, die heute existieren, zerbrachen. Wenn wir die einzelnen Stufen erklimmen, erfahren wir, dass wir ein Teil dieser gemeinsamen Seele sind und wir erspüren in ihr unseren Platz. Hier liegt die Wurzel unserer Seele.

Jede Wurzel hat ihren eigenen Namen. Wenn wir die Wurzel unserer Seele erreichen, finden wir unseren Platz in der Schöpfung und entdecken, wer wir wirklich sind. Und dann erhalten wir auch unseren eigenen Namen.

Zusammenfassung

- Die hebräischen Buchstaben stellen die Beziehung eines Kabbalisten zum Schöpfer dar.
- Die hebräischen Buchstaben haben numerische Entsprechungen; ähnliche numerische Werte weisen auf ähnliche spirituelle Bedeutungen hin, gleiche numerische Werte auf gleiche spirituelle Bedeutungen.
- 'Gott' = 'Natur' und 'Natur' = 'Verlangen' (Kli). Also ist 'Gott' = 'Verlangen'.
- Wenn Sie die spirituellen Stufen hochsteigen, entdecken Sie in sich die Buchstaben, die Ihrer spirituellen Entwicklung entsprechen. So entdecken Sie Ihren eigenen wahren Namen.

■ 11. Körper und Seele

Essenz

- Die kabbalistische Erklärung von Reinkarnation
- Die Bedeutung des Körpers aus der Sicht der Seele
- Die längste Dinnerparty
- Seelen F & A

Reinkarnation wird allgemein als ein sich wiederholender Prozess von Leben, Sterben und Wiedergeburt angesehen. Jedoch ist die Idee, in einem anderen Körper wiedergeboren zu werden, nicht die einzige Form der Reinkarnation. Die Kabbala bezeichnet jeden Schritt eines spirituellen Wachstums als Reinkarnation. Wenn Sie sich beispielsweise selbst intensiv korrigieren, machen Sie die Erfahrung vieler Leben innerhalb kurzer Zeit. Auf der anderen Seite werden Sie nicht eine einzige Inkarnation erfahren, solange Sie voranschreiten, ohne sich zu korrigieren. So wird Reinkarnation gemäß der Kabbala definiert.

Ihr Körper – ein Haus für Ihre Seele

Die Kabbala identifiziert Menschen nach ihren spirituellen Eigenschaften. Wenn ein kabbalistischer Text sagt, dass ein neuer Mensch erschaffen wurde, spricht sie nicht über Hände und Füße. Sie beschreibt Ziele und Verlangen. Wenn die Qualitäten Ihres Verlangens sich zum Besseren transformiert haben, kann man aus einer kabbalistischen Betrachtungsweise heraus sagen, dass ein neuer Mensch, ein spirituelleres „Sie" geschaffen worden ist. Der Körper ist nur eine biologische Behausung. Organe zum Beispiel, können transplantiert werden. Die Kabbala betrachtet den Körper als Instrument, mit dessen Hilfe die Seele arbeiten kann. Um Ihre Seele zu korrigieren, muss der Körper anwesend und aktiv sein.

Seelen haben nur ein Verlangen, während sie in irdischen Körpern existieren. Sie wünschen sich, zu ihrer Quelle zurückzukehren, zu der Stufe, auf der sie vor ihrem Abstieg waren. Ihr Körper, welcher das Verlangen zu empfangen ist, zieht die Seele zurück in diese Welt. Ihr Verlangen, spirituell zu sein, hilft der Seele zu ihren Wurzeln zurückzukehren.

Spirituelle Funken

Das Leben an sich ist nicht unendlich ... es ist eher wie ein Dahinschwinden.

Baal HaSulam, Einführung zum Baum des Lebens

Wiederkehr, bis Sie reif und bereit sind

Seelen kommen und gehen auf dieser Welt – sie befinden sich in einem Kreislauf. Sie verbinden sich mit Körpern, kehren zurück zur Quelle – ein anderer kabbalistischer Ausdruck für den Schöpfer – und wiederholen den Prozess. Das hält so lange an, bis sie ihre Korrektur abgeschlossen haben.

Sie erleben viele Inkarnationen oder neue Seelen auf verschiedenen Wegen. Leidvolle Erfahrungen lassen Sie nach dem Sinn Ihres Lebens fragen und neue Antworten suchen. Wenn Sie reif für die Spiritualität sind, fällt Ihnen zum Beispiel dieses Buch in die Hände. Es kann der Anfang Ihrer bewussten Inkarnationen sein.

Die Verkörperungen, die durch Sie fließen, kehren dann zur Quelle zurück. Ihre Aufgabe auf der Erde ist, so viele Inkarnationen wie möglich zu durchlaufen, so dass Ihre Seele die endgültige Korrektur findet.

Warum das wiederholte Erscheinen?

Reinkarnation ist das wiederholte Erscheinen von Seelen innerhalb der Körper in dieser Welt. Dies passiert so lange, bis jede Seele ihr individuelles Ende der Korrektur erreicht hat.

Eine vollkommene Korrektur ist ein mehrstufiges Unterfangen – eine Seele kann ihre Aufgabe nicht in einem Durchlauf vollenden und zur Quelle zurückkehren. Beim nächsten Eintritt verkörpert sie sich, abhängig vom Fortschritt, den sie gemacht hat, wieder entlang ihres spirituellen Pfades.

Der Schöpfer möchte, dass Sie mit spirituellem Vergnügen erfüllt sind und Vollkommenheit erlangen. Das ist nur durch großes Verlangen möglich. Und nur mit dem richtigen Verlangen, können Sie die spirituelle Welt erreichen.

Wir haben schon festgestellt, dass ein Verlangen nur dann als korrigiert bezeichnet wird, wenn es die richtige Ausrichtung hat. Das funktioniert nicht automatisch; die „rechte Ausrichtung" wird durch das Studium erworben. Sie ist ein Prozess und keine Schnellreparatur.

Nebenbei bemerkt, ist heute das Studium selbst nicht genug, um Sie zur Spiritualität zu führen. Sie brauchen eine Gruppe von Freunden, die Sie unterstützen, und Sie müssen versuchen, anderen bei deren Korrektur zu helfen. Auf diesem Weg verbinden Sie sich mit deren Verlangen nach Spiritualität (Punkt im Herzen), selbst wenn es ihnen noch nicht bewusst ist.

Der Samen der Seele

Die Aufgabe der Korrektur Ihrer Seele hat mehr Vorteile als nur Ihren eigenen Nutzen. Das Bild ist viel größer. Die Korrektur Ihrer Seele beeinflusst alle Seelen, weil alle Seelen miteinander verbunden sind. Wenn Sie das erste Mal in diese Welt kommen, wird Ihre Seele „Punkt" genannt. Erinnern Sie sich, das wir alle Teile eines einzigen spirituellen Gefäßes oder Kli sind, genannt Adam haRishon (der erste Mensch). Erinnere Sie sich auch, dass die Seele von Adam haRishon in 600.000 Seelen zersplitterte, welche in diese Welt abstiegen. Diese Welt beherbergt eine große Zahl von Körpern, jeden mit seiner eigenen Seele.

Wenn Sie während Ihres irdischen Lebens kein spirituelles Kli aus diesem Punkt bilden, kehrt Ihre Seele zurück zu ihrer Wurzel in Adam haRishon. Sie ist wie eine Saat, die nicht aufgeht, unbewusst und leblos. Das Ziel für Sie ist, zu genau der Wurzel in Adam haRishon zurückzukehren, von der Sie abgestiegen sind.

Wo und was ist eine Seele?

Orte, so wie Sie und ich sie in Zeit und Raum denken, existieren in den Höheren Welten nicht. Was passiert, wenn eine Seele zur Quelle zurückkehrt? Die Seele kehrt zurück zur ihrer Wurzel in Adam haRishon. „Wurzel der Seele" ist der Platz der Seele im System von Adam haRishon. Das ist ein spiritueller Ort, der sich sehr nahe an der Quelle, dem Schöpfer, befindet. Diesen spirituellen Ort finden Sie nicht mit Ihren fünf physikalischen Sinnen.

Eine Seele ist eine spirituelle Kraft. In der Kabbala werden die Seelen in einer Pyramide angeordnet, gereiht gemäß ihrem Verlangen. Weltlichen Verlangen befinden sich unten auf dem Boden und spirituelle Verlangen oben in der Spitze.

An der Basis der Pyramide sind viele Seelen mit kleinen Verlangen (Essen, Sex, Schlafen und Unterkunft). Dies entspricht den tierischen Verlangen. Die nächste Stufe verlangt nach Dingen, die über den Grundbedürfnissen stehen. Danach kommt das Verlangen, andere durch Macht zu kontrollieren. Es folgt das Verlangen nach Wissen – diese Seelen beschäftigen sich mit Entdeckungen. An der Spitze der Pyramide befinden sich die wenigen Seelen, die sich nach der Wahrnehmung der spirituellen Welt sehnen. Aus diesen Stufen ist die Pyramide gebaut.

Diese Pyramide befindet sich auch in uns. Sie haben das Potenzial, auf allen Stufen zu handeln. Der Druck der unteren Welten muss Sie zum reineren, zum ewigen Verlangen nach Wahrheit führen. Hier entscheiden Sie, mehr Leistung und Energie in die Vergrößerung Ihres Verlangens nach Spiritualität zu investieren, anstatt in Ihre weltlichen, egoistischen Wünsche. Sie müssen das nicht alles selbst tun – es wird erreicht durch das gemeinsame Studium, mit Gruppen und durch Verbreitung des Wissens an andere.

Praktische Umsetzung

Kabbalisten unterscheiden, wie sie es bezeichnen, zwischen „tierischer Seele" und „Seele". Die tierische Seele birgt unsere angeborenen Merkmale: Charakter, Vorlieben und Abneigungen, Emotionen und Neigungen. Doch wenn Kabbalisten von einer Seele sprechen, beziehen sie sich auf etwas ganz anderes: den Willen zu Empfangen, korrigiert mit einem Massach, welcher es möglich macht, zum Empfangen in der Absicht, dem Schöpfer zu geben, zu gelangen.

Ein Hemd für die Seele

Der Körper ist das Kleid der Seele. Ihre Seele verbindet Sie mit all den anderen Seelen und den Höheren Welten, und diese Verbindung bleibt bestehen, auch nachdem Ihr biologischer Körper vergangen ist.

Wenn Sie Ihren Altruismus kultivieren und mehr über die Einheit der Menschen nachdenken als über sich selbst, werden ihre Bemühungen zu einem spirituellen Kli. Ein Kli nimmt die spirituelle Welt wahr, jenseits Ihrer fünf Sinne. Sie fühlen die Höhere Kraft in Ihrer Seele, nicht in Ihrem Körper.

Wenn Sie spirituelle Wahrnehmung erreicht haben, fühlen Sie irdisches Leben und Tod nicht mehr, weil Ihre Seele sich bereits in der Spiritualität befindet. Durch die Konzentration auf die Entwicklung Ihrer Seele können Sie weltliche Einflüsse so weit überschreiten, dass diese kaum mehr Wirkung auf Sie haben.

Spirituelle Funken

In unserer Welt gibt es keine neuen Seelen in der Art, so wie die Körper sich erneuern, sondern nur eine bestimmte Anzahl von Seelen, die sich jedes Mal in einen neuen Körper und in eine neue Generation einkleiden. Hinsichtlich der Seelen entsprechen daher alle Generationen von Anbeginn der Schöpfung bis zum Ende der Korrektur einer Generation, die ihr Leben auf Tausende von Jahren ausdehnt, so lange bis sie sich ausreichend entwickelt und korrigiert hat. Die Tatsache, dass während dieser Zeit jede Seele ihren Körper tausendmal gewechselt hat, ist vollkommen irrelevant, denn das Wesen des Körper-Selbst, genannt „die Seele", leidet nicht unter diesen Wechseln.

Baal HaSulam, Der Frieden

Rav Baruch Ashlag pflegte zu sagen, dass der Tod des irdischen Körpers dem Wechseln eines Hemdes gleiche. Als man seinen Vater, Rav Yehuda Ashlag, fragte, wo er denn begraben werden wollte, murmelte er eher teilnahmslos: „Nichts ist mir unwichtiger, als wo ihr meine Knochen vergrabt."

Keine Zeit in Spiritualität

Zeit ist unsere Vorstellung von Veränderungen, die wir entsprechend der Entwicklung unserer Seele erfahren. Wenn sich Ihre Gedanken und Verlangen langsam ändern, „schleicht" für Sie die Zeit dahin. Wenn Sie sich schnell verändern, „fliegt" sie.

Zeit fühlen wir nur, wenn sich etwas verändert. Wenn Ihre spirituelle Lücke gefüllt ist, gibt es keine Veränderung und daher wird gesagt, dass es im Spirituellen keine Zeit gibt.

Einige F & A

Alle Seelen auf der Erde waren bereits mehrmals da. Es ist wie eine Party, bei der die Gäste kommen und gehen. Jedes Mal wenn sie zurückkommen, lernen sie einiges, gehen wieder und bringen es zur nächsten Party, die in einem anderen Haus (Mensch) stattfindet, wieder mit. Alle ihre Erfahrungen der letzten Party werden in der gegenwärtigen (unbewusst) angewendet. Immer wenn eine Seele auf Besuch kommt, verstärkt und entwickelt sich ihr Verlangen auf Grund der Erfahrungen der vergangenen Partys (Leben).

Wer war ich?

Baal HaSulam schrieb im Artikel „Die Freiheit", dass jede Generation aus den gleichen Seelen besteht wie die vorhergehende, jedoch in neuen Körpern. Die Seele in Ihrem Körper könnte daher schon in vielen anderen Personen gewesen sein.

Alle Ihre (spirituellen) Erinnerungen sind miteinander verbunden. Alle Ihre Erfahrungen bleiben in Ihnen; nichts verschwindet jemals. Sie können sie jedoch nicht wie eine Datenbank benutzen und spezielle Gedanken herausziehen. Vorausgegangene Erinnerungen erscheinen selbstständig, um die Gegenwart zu verstehen.

Alle Seelen sind innerhalb der allgemeinen Seele von Adam haRishon verbunden und teilen auch Erinnerungen. Doch wie ein Tropfen Wasser in einem Eimer behalten die Seelen ihre weltliche Identität nicht.

Können wir Menschen aus der Vergangenheit erkennen?

Ja, wir können es, denn Menschenseelen kehren zurück zur Erde. Kabbalisten sehen die gleiche Seele inkarniert in Adam, Abraham, Moses, Rabbi Shimon, dem ARI und Yehuda Ashlag (kabbalistische Autoren). Es ist, als würde sich die gleiche Seele selbst in einen zeitgenössischen Kabbalisten kleiden, sobald sie in unserer Welt erscheint. Das erlaubt jeder Generation, Kabbala auf ihre einzigartige Weise kennen zu lernen.

Baal HaSulam aber reinkarnierte nicht in die Seele des ARI. Er war ein Mensch wie Sie und ich mit eigenem spirituellen Potenzial. Zusätzlich erhielt er jedoch das Licht – die Eigenschaft des Gebens –, die auch ARI genannt wird. Diese spirituelle Kraft des ARI entwickelte er mit der Methode der Kabbala weiter.

Auch Sie können versuchen, alle Seelen in Ihnen selbst zu verbinden. Eine dieser Seelen wird „Eseltreiber" heißen – es ist jene Seele, die Sie entlang Ihres spirituellen Weges leitet, wie wir bereits in Kapitel 9 besprachen.

Praktische Umsetzung

Wenn die Kabbala von einem Menschen in dieser Welt spricht, bezieht sie sich auf das Verlangen zu empfangen in einem Zustand der Verhüllung vor dem Schöpfer, ohne Ausrichtung, Ihm zu geben. In anderen Worten befinden wir uns ausschließlich in dieser Welt, bevor wir die Grenze überschreiten. Danach treten wir in die spirituelle Welt ein.

Kann ich als Tier reinkarnieren?

Soweit es die Seele betrifft, unterscheidet die Kabbala zwischen Tieren und Menschen. Im Vergleich zum Tier besitzt der Mensch zusätzlich ein Verlangen nach Spiritualität und die Fähigkeit, dem Schöpfer zurückzugeben.

Das Buch „Der Zauberer" erzählt die Geschichte von einem einsamen Zauberer, der Dinge erschafft, die ihm Gesellschaft leisten. Er erschafft einen Hund, der sehr anhänglich ist und um den man sich gut kümmern kann, aber der Hund kann die Fürsorge, die ihm der Zauberer gibt, nicht erwidern. Die Fähigkeit, dem Schöpfer zu geben, ist das Geschenk an die Menschheit. Deshalb befassen sich Reinkarnation und Seelenentwicklung nur mit menschlichen Körpern.

Spirituelle Funken

Reinkarnation tritt in allen Objekten der greifbaren Wirklichkeit auf, und jedes Objekt lebt ewig auf seine eigene Weise.

Baal HaSulam, Der Frieden

Wie oft muss ich reinkarnieren?

In seinem Artikel Welchen Grad soll man erreichen? fragt Rav Baruch Ashlag, Yehuda Ashlags Sohn und großer Kabbalist: „Welche Stufe muss man erreichen, um nicht mehr reinkarnieren zu müssen?" Er antwortet, dass die Seele immer wieder zurückkommt, bis sie ihre Korrektur vollendet hat und zu ihrer Wurzel zurückkehrt. Man muss niemand anderen korrigieren, aber die Mittel dafür vorbereiten. Wenn Sie Ihre Korrektur vollendet haben, müssen Sie also nicht weiter reinkarnieren. Die Anzahl der Seelen im universellen System ist 600.000 und sie ist unveränderlich. Allen Seelen sind 6000 Jahre gegeben, um Erkenntnis zu erlangen. Uns verbleiben also noch 230 Jahre.

Wie lange die Seelen zur Erde absteigen, hängt davon ab, wie schnell sich die Korrektur vollzieht. Ihre Seele ist auf Reisen und Sie sind der Reiseführer. Wenn Sie Ihre Mitreisenden (Seelen) zu ihrem Ziel führen, werden Sie auf jeden Fall zu deren Korrektur beitragen.

Das Ziel ist, alle Seelen auf den Gipfel des spirituellen Berges – zur vollkommenen Korrektur – zu bringen. Mit zunehmenden Höhenmetern korrigieren sie sich immer weiter. Bis alle Seelen den Gipfel erreicht haben, kehren sie zu weltlichen Körpern zurück, die ihnen beim Aufstieg helfen. Das Studium der Kabbala beschleunigt den Prozess.

Wissenswertes

Ein bekanntes chinesisches Sprichwort sagt: „Gib einem Menschen einen Fisch und du ernährst ihn für einen Tag. Lehre einen Menschen das Fischen und du ernährst ihn für sein Leben." Das gleicht unserem Tun, wenn wir anderen dabei helfen, die Weisheit der Kabbala zu lernen und ihre Seelen zu korrigieren.

Kann ich mich an vergangene Leben erinnern?

Sie können vergangene Leben nicht mit Ihren körperlichen Sinnen fühlen. Sie müssen die Phasen Ihres Lebens durchschreiten: Baby, Kind, Jungendlicher – alles führt Sie zum Heute. Alle Phasen sind da, aber Sie können nur den gegenwärtigen Zustand sehen – Ihr heutiges Ich.

Der am weitesten entwickelte Punkt Ihrer vergangenen Seele entspricht Ihrem Startpunkt in diesem Leben. Wenn Sie einen hohen Grad an Spiritualität erreichen, wird der nächste Körper in den sich Ihre Seele kleidet, eine bessere Ausgangsposition haben.

Was bleibt von vergangenen Leben?

Ein vorangegangenes Leben beeinflusst Ihr Leben für gewöhnlich positiv, weil durch jeden durchlebten und leidvollen Lebenskreislauf bereits Korrekturen geschehen. Da unterscheiden wir uns nicht vom Rest der Schöpfung. Das Leid führt zu spirituellem Forschritt, weil wir uns dadurch Fragen stellen und nach Veränderungen suchen.

Wir können die Korrektur beschleunigen, in dem wir uns anstrengen, freiwillig in die Spiritualität einzutreten. Dadurch fühlen wir Leid bewusst und entdecken seine Ursache. Wir entscheiden uns dann, unsere Absicht mit dem Ziel zu verändern, das Leiden los zu werden. So beeinflusst die Vergangenheit die Gegenwart. Das ist wichtig, weil die Verbindungen zwischen den Seelen ständig erneuert werden müssen. Das bestimmt ihren Platz in der Verbindung und macht die Vereinigung aller Seelen möglich, was „Korrektur der gesamten Seele" genannt wird.

Tipps und Tricks

Sie wollen nicht durch Schmerz fortschreiten? Das ist nicht der Weg. Schmerz verleitet Sie dazu, sich als Märtyrer zu fühlen; es macht Sie stolz und entfernt Sie von dem Verlangen, wie der Schöpfer zu werden. Schmerz zeigt allerdings an, dass Sie nicht in der richtigen Ausrichtung sind.

Wie kann ich mein weiteres Leben positiv beeinflussen?

Wenn Sie in diesem Leben Ihre Seele dem Schöpfer annähern, wird Ihre Seele es im folgenden Leben besser haben. Mit der Korrektur, die Sie erreichen, bewegt sich Ihre Seele bei ihrem nächsten Besuch spirituell „weiter vorwärts". Alles, was Sie in dieser Welt erwerben (Eigenschaften, Erfahrungen, Wissen) verschwindet, außer den Änderungen in Ihrer Seele. Sie gleicht einem Samen, der beim nächsten Regen aufgehen wird. Die Energie der verwelkten Pflanze verbleibt im Samen. Die spirituelle Energie, die in uns verbleibt, entspricht der Seele.

Die Kabbala lehrt uns, dass das Maß des Lebens in der Differenz zwischen der Seele zur Zeit Ihrer Geburt und der Seele, die Sie jetzt besitzen, besteht. Sie zeigt, zu welchem Ausmaß Sie ihre Seele spirituell erhoben haben.

Zusammenfassung

- Seelen kehren so lange zurück, bis sie ihre vollkommene Korrektur erreicht haben.
- Reinkarnation betrifft ausnahmslos die menschliche Seele und nicht die tierische Seele (Charakter, Vorlieben, Schwächen, Emotionen und Neigungen).
- Der vorangegangene Fortschritt, den Sie gemacht haben, ist der Startpunkt Ihres jetzigen Lebens.
- Wenn Sie wissen wollen, wer Sie waren, müssen Sie erst die Wurzeln Ihrer Seele finden.
- Weder Ihre Art noch Ihr Geschlecht ändern sich zwischen den Lebenszyklen.

■ 12. Wie man ein Kabbala-Student wird

Essenz

- Der Wechsel vom Lernen in dunklen, engen Räumen hin zum offenen, freien Onlinestudium
- Wissen, welche Bücher für den spirituellen Fortschritt wichtig sind
- Den richtigen Lehrer finden und lernen, wie man am meisten vom Studium profitieren kann
- Die Kraft und Praxis einer kabbalistischen Gruppe
- Onlinestudium der Kabbala

Das Studium der Kabbala hat sich über die Jahre hinweg dramatisch verändert – nicht nur durch die Enthüllung des einst mystischen und geheimen Wissens für die Massen. Kabbalisten sind dem technischen Fortschritt auf allen erdenklichen medialen Wegen gefolgt. Aus diesem Grund sind die Bücher, die Lehrer, die Gruppen und der Zugang zum Studium der Kabbala heute leichter zu finden.

Heutzutage kann man von zu Hause aus und in der eigenen Sprache an authentische Quellentexte der Kabbala kommen. Auf unkomplizierte Weise kann man einen Lehrer und eine virtuelle Gruppe finden, sobald man an einem bestimmten Punkt der spirituellen Entwicklung angekommen ist. In diesem Kapitel lernen Sie, wie man die Kabbala auf zeitgemäßem Weg nutzen, studieren und leben kann und dennoch der Weisheit des traditionellen Textes treu bleibt.

Jeder Tag ist ein Tag der offenen Tür

Von den ersten Kabbalisten Adam und Abraham bis zur Entstehung des Sohar im Mittelalter wurde die Kabbala nur mündlich überliefert. In erster Linie tauschten die Kabbalisten ihre spirituellen Erkenntnisse untereinander aus, je nachdem, wie sie die Höheren Welten enthüllten.

Zur gleichen Zeit verboten Kabbalisten das Studium der Kabbala für all jene, die noch nicht dafür bereit waren. Sie behandelten ihre Schüler sehr behutsam, um sicher zu gehen, dass diese mit der richtigen Absicht kamen. Die Zahl der Schüler war beschränkt.

Obwohl wir nun wissen, dass das Studium der Kabbala für alle offen ist, haben wir aber noch nicht darauf hingewiesen, wie wichtig das Studium der Kabbala selbst ist. Die Kabbalisten sagten mit Nachdruck, dass die Verbreitung der Kabbala ein Muss ist. Dies führte zu dem enormen Interesse an der Kabbala, wie wir es heute sehen.

Der Grund für die Notwendigkeit der Verbreitung der Kabbala liegt darin, dass die Kabbala die Basis für die Korrektur aller Seelen ist und großen Wert auf das Kollektiv legt. Je mehr Menschen die Kabbala studieren, desto größer ist der umfassende Effekt. Wenn Massen an Menschen studieren, verbessert sich auch die Qualität des Studiums. Am Abend eine halbe oder ganze Stunde zu studieren, ist dann genug, wenn Millionen anderer Menschen das Gleiche tun. All diese Menschen bekommen dadurch eine spirituelle Verbindung, selbst wenn sie dies nicht fühlen; das kollektive unbewusste Verlangen wirkt somit auf die ganze Welt. Selbst winzige Veränderungen in der Mehrheit der Menschen können auf diese Weise größere Veränderungen in der gesamten Gesellschaft erzeugen. Mehr darüber im dritten Teil.

Daher ist die Methode des Kabbalastudiums heutzutage an ein Massenpublikum angepasst worden und nicht mehr nur ein paar Schülern vorbehalten, die sich der Sache ganz verschrieben haben und jeden Morgen stundenlang lernen.

Spirituelle Funken
Man lernt nur an dem Ort, an dem es dem Herzen gefällt.

Antike kabbalistische Maxime

Mit der richtigen Absicht studieren

Es sind nur zwei Dinge zum richtigen Studium der Kabbala notwendig: das Verlangen, sein Leben zu verbessern und dessen Sinn zu finden, und die richtige Anleitung. Die richtige Anleitung besteht aus drei Parametern:

• die richtigen Bücher;
• die richtige Gruppe;
• der richtige Lehrer.

Der Mensch schreitet im Studium der Kabbala fort, ohne sich Druck aufzuerlegen, da es in der Spiritualität keinen Zwang gibt.

Das Ziel des Studiums ist die Verbindung zwischen dem Schüler und dem, was in den Büchern geschrieben steht. Aus diesem Grund schreiben die Kabbalisten alles, was sie erlebten und erreichten, nieder. Es geht nicht um das Wissen der Realität und ihrer Funktion, wie es in der Wissenschaft üblich ist. Der Zweck der Kabbala und ihrer Texte ist es, ein Verständnis und eine Sensibilität für die spirituelle Wahrheit zu schaffen.

Wenn der Mensch die Schriften als Anleitung benutzt, um Spiritualität zu erreichen, wird der Text zu einer Quelle des Lichtes, einer korrigierenden Kraft. Wenn man sich aber dem Text nur nähert, um Wissen zu erlangen, wird dieser zwar die Informationen liefern, aber nicht mehr als das. Das Ausmaß der inneren Forderung bestimmt das Maß der Stärke, die man erreicht, und die Geschwindigkeit der eigenen Korrektur.

Wenn der Mensch auf die richtige Art und Weise studiert, wird er die Grenze zwischen dieser und der spirituellen Welt überschreiten und in einen Ort der inneren Offenbarung eintreten können. Erreicht der Schüler dies nicht, so ist dies ein Zeichen dafür, dass seine Anstrengungen ungenügend in Qualität oder Quantität sind. Es geht aber nicht darum, wie viel man studiert, sondern um die Absicht des Studierenden. Natürlich kann dieser Übertritt der Barriere nicht über Nacht geschehen, aber dennoch sollte dies das Endergebnis des Studiums sein.

Fortschritt in der Kabbala bedeutet nicht, Freuden zu vermeiden, damit würde das eigene Verlangen nicht entzündet werden. Außerdem ist es ein Irrtum zu glauben, Spiritualität ließe sich erreichen, wenn man sich höflich und gesittet verhält. Man kann nicht aus falschem Vorwand zur Korrektur kommen.

Es gibt keinen Zwang in der Spiritualität

Die Weisheit der Kabbala lehnt jede Art von Zwang ab. Wenn Sie merken, dass irgendwelche äußeren Einflüsse Druck auf Sie ausüben, sei es durch verpflichtende Regeln oder Vorschriften, so ist dies ein Zeichen, dass jene Maßnahmen nicht von der Höheren Welt, sondern von jemandes Ego herrühren.

Das Studium der Kabbala lässt unsere Sehnsucht nach Spiritualität wachsen und wir werden sie dem Materialismus vorziehen. Dann klären wir unsere Wünsche in Bezug auf die Spiritualität und ziehen uns entweder von materiellen Dingen zurück oder nicht, je nachdem, ob wir sie für anziehend oder notwendig halten.

Tipps und Tricks

Materielle Wünsche erscheinen nacheinander und nicht alle auf einmal. Wenn Sie heute ein großes Verlangen nach Geld haben, bedeutet es nicht, dass es morgen auch so sein wird. Vielleicht aber wollen Sie morgen sogar noch mehr. Doch dass dieses Verlangen kommt und geht, ist ein Zeichen dafür, dass Sie korrekt arbeiten, und das neuerliche Auftauchen zeigt eine neue Reshimo aus der nächsten Stufe an. Es zeigt, dass Sie Ihre Aufgabe auf der vorherigen Stufe abgeschlossen und so den Weg für eine neue Stufe des Verlangens geebnet haben.

Keine Einschränkungen

Die Kabbala hat sich nicht nur hinischtlich der Erlaubnis zum Studium (wer darf und wer nicht), sondern auch in der Praxis verändert. Wie Sie sich bestimmt erinnern (Kapitel 5), waren einige ursprüngliche Kabbalisten Einsiedler (z. B. Rabbi Shimon Bar-Yochai). Doch sie wählten dies nicht freiwillig, sondern weil sie verfolgt wurden und es verboten war, sich mit der Kabbala zu beschäftigen. Der ARI andererseits war ein reicher Kaufmann, als er zu den Kabbalisten nach Safed kam. Die Könige David und Salomon waren weder arm noch Einsiedler, aber dennoch waren sie alle große Kabbalisten.

Rav Ashlag zum Beispiel glaubte an das Handwerk. Als er aus Polen nach Israel kam, brachte er Maschinen für die Verarbeitung von Leder mit. Er wollte eine Lederfabrik eröffnen, tagsüber dort arbeiten und nachts studieren. Er erzog auch seine Kinder auf diese Weise. Als sein ältester Sohn Baruch Ashlag achtzehn Jahre alt wurde, schickte Rav Ashlag ihn zum Arbeiten auf den Bau. Dort sollte er den Tag über arbeiten und ebenfalls nachts studieren.

Hier erkennt jedoch jeder, der der Kabbala folgt, plötzlich einen Widerspruch. Auf der einen Seite ist das irdische Leben sinnlos und jeder ernsthafte Kabbalist misst ihm keinerlei Bedeutung bei. Auf der anderen Seite jedoch verlangt die

Kabbala von jedem Studenten, sein physisches Leben zu leben und dieses auch zu spüren.

Viele Lehren und Religionen der Welt sprechen über Enthaltsamkeit. Je mehr man sich von den leiblichen Genüssen trenne und sich ihnen verschließe, desto besser sei es für den spirituellen Aufstieg. Die Kabbala zeigt aber das genaue Gegenteil: Lassen Sie alle weltlichen und irdischen Dinge, wie sie sind. Hören Sie damit auf, Ihren Körper und dessen Gewohnheiten zu kontrollieren, und agieren Sie nur mit dem Punkt in Ihrem Herzen. Anstatt Ihre Verlangen zu verringern, schlägt die Kabbala vor, diese in Ruhe zu lassen, da die Eindämmung der körperlichen Verlangen nicht zur Korrektur der Seele führt.

Wissenswertes

Warum wird die Kabbala traditionell nachts bzw. in den frühen Morgenstunden studiert? Wenn die Menschen schlafen, ist das allgemeine „Gedankenfeld" stiller, da aus den Gedanken der Menschen viele Störungen resultieren. Kabbalisten studieren außerdem zu diesen Stunden, da sie, wie alle anderen auch, zur Arbeit gehen müssen. Einem wahren Kabbalisten ist es verboten, sich von der normalen Welt abzuschotten.

Die Dreifaltigkeit der Kabbala

Die Korrektur erfolgt nicht ohne das Studium. Aus diesem Grund sandte der Schöpfer uns die „Dreifaltigkeit" der Kabbala: Bücher, Lehrer und Studiengruppen. Der Rest dieses Kapitels beschreibt jedes einzelne dieser Werkzeuge der Kabbala und Sie sollten unbedingt damit arbeiten.

Bücher: unsere spirituellen Reiseführer

Spiritualität kann durch das Studium der richtigen Bücher erreicht werden, also solcher Bücher, die von wahren Kabbalisten geschrieben wurden. Das Lesen der richtigen Bücher ist wie das Bereisen eines fremden Landes mit der Hilfe eines Fremdenführers. Der Reisende bekommt eine Orientierung und ein besseres Verständnis für die neue Umgebung.

Wir brauchen kabbalistische Bücher, die auch zu unserer Seele passen und die unserer Generation am nächsten stehen. In jeder Generation steigen unterschiedliche Seelen herab und jede Generation braucht andere Lehrmethoden.

Die Bücher der Kabbala beinhalten eine spezielle Kraft: Jeder Mensch, der diese Bücher unter der richtigen Anleitung studiert, kann damit die spirituelle Stufe des Verfassers erreichen. Die Schüler, die dem Weg des Verfassers folgen, können Verbindung zum Spirituellen erhalten. Durch das Eintauchen in die Tiefe des Textes steigt man auf die spirituelle Stufe des Autors auf.

Wann immer Sie die Werke der Gerechten lesen, verbinden Sie sich direkt mit deren Gedanken und dem Umgebenden Licht (siehe Glossar). Es wird Sie erleuchten und Ihre Gefäße des Empfangens werden gereinigt und mit dem Geist des Ewigen erfüllt.

Im unserem Leben nehmen wir verschiedenste Bilder und Eindrücke war. Und genau deshalb vermögen wir alles zu beschreiben, was wir fühlen. Doch die Bücher der Kabbala beschreiben die Erkenntnisse eines Menschen, der die spirituelle Welt fühlt. Sie beschreiben die Gefühle des Verfassers von einer Welt, die die meisten von uns nicht fühlen.

Dies ist der Grund, warum die Bücher der Kabbala und die Kabbalisten selbst eine Einheit sind. Ein Kabbalalehrer ist nicht nur eine Person, die die Höhere Welt fühlen kann, sondern auch ein Mensch, der seine Empfindung in einer klaren Sprache für andere ausdrücken und übermitteln kann. Durch das Studium der Bücher der Kabbalisten bilden wir den fehlenden Sinn in uns aus, den wir brauchen, um die Höhere Welt erfassen zu können.

Die Schriften in der Sprache der Zweige

Es gibt viele unterschiedliche Bücher über die Kabbala, die von den jeweiligen Kabbalisten entsprechend ihrer Stufe der Erkenntnis verfasst wurden. Deshalb ist es sehr wichtig für uns zu wissen, welche Bücher wir studieren sollen.

Kabbalisten erfassen die Spiritualität so, wie wir Aspekte unserer physikalischen Welt mit unseren körperlichen Sinnen erfassen. Da jedoch die Gegenstände in der Spiritualität ganz verschieden von unserer physischen Welt sind, ist es sehr schwer, die richtigen Worte dafür zu finden. Das Gleiche gibt es auch in unserer Welt. Es ist nicht immer möglich, unsere Gefühle zu beschreiben, und wir müssen letztlich mit vagen Ausdrücken und Gesten Vorlieb nehmen.

Dies ist auch der Grund, warum es so schwer ist, die Bücher der Kabbala zu verstehen. Solange wir keine Verbindung zur Spiritualität erreichen, lesen wir nur Worte, ohne deren Bedeutung zu verstehen.

Praktische Umsetzung

Man darf nicht frustriert sein, wenn das, was einem heute klar erscheint, morgen unverständlich ist. Abhängig von Ihrer Stimmung und Ihrem spirituellen Zustand während Sie lesen kann der Text in seiner vollkommenen Bedeutung erschlossen werden oder auch bedeutungslos erscheinen. Geben Sie nicht auf, wenn der Text zunächst vage, befremdlich oder unlogisch erscheint. Das Studium der Kabbala wird Ihnen dabei helfen, Erkenntnis zu erlangen. Es ist nicht nötig, sich technisches Wissen anzueignen.

Erinnern wir uns zurück, dass die Kabbala die Sprache der Zweige benutzt, wie in Kapitel 9 beschrieben. Die spirituelle Welt verläuft parallel zu unserer Welt. Es gibt in dieser Welt keine Objekte oder Kräfte, die nicht ein Resultat der Höheren Welt sind. Deshalb benutzen Kabbalisten Namen aus dieser Welt, um spirituelle Objekte zu beschreiben, denn diese Objekte sind die Wurzeln unserer Welt.

Ein normaler Mensch ohne jeden spirituellen Schirm sieht in den Büchern der Kabbala Märchengeschichten, die in dieser Welt geschehen. Aber ein Kabbalist wird durch diese Wörter nicht verwirrt, weil er genau weiß, woher jeder Zweig stammt und was seine spirituelle Wurzel ist.

Tipps und Tricks

Einer der häufigsten Fehler ist, dass man den Zweigen anstatt den Wurzeln die spirituellen Kräfte zuordnet. Zum Beispiel haben wir, weil man einen spirituellen Zustand „Wasser" (Chassadim/Barmherzigkeit) nennt, auch Wasser in unserer Welt. Aber dies bedeutet nicht, dass das Wasser hier irgendetwas mit Barmherzigkeit zu tun hat.

Bücher zur Erreichung des Ziels

Nicht alle Bücher, auch nicht die authentischen, sind gleich gut geeignet, uns der spirituellen Welt näher zu bringen. Weil die Kabbala mit sehr vielen Assoziationen verbunden ist (wovon die meisten falsch sind, wie in Kapitel 1 beschrieben), ist es wichtig, die richtigen Bücher zu finden. Das Gleiche gilt heutzutage für Webseiten im Internet.

Um dies zu erleichtern, empfahlen die Kabbalisten, alle kabbalistischen Bücher aufzugeben, außer dem Sohar, den Schriften des ARI und den Schriften des Baal HaSulam. Das kann der beste Ansatz für all jene sein, die ernsthafte und lebenslange Schüler der Kabbala sein wollen. Für alle anderen gilt, einleitende Bücher zu diesen Schriften zu lesen, wie sie im Anhang aufgeführt sind. Dieses Buch bietet eine Einführung zu den Quellen, so dass der Leser selbstständig die richtige Wahl für das weitere Studium treffen kann.

Den richtigen Lehrer finden

Aber was ist der richtige Weg des Studiums und wie ist man sicher, dass man richtig studiert? Studierende, die korrekt studieren, arbeiten an sich selbst und ihrem Inneren und werden von einem Lehrer geleitet.

Um den Schöpfer zu erfahren, benötigt man einen Lehrer. Der Lehrer führt den Schüler und zeigt ihm, wie er auf die geistige Ebene des Lehrers aufsteigen kann.

Tatsache ist, dass heute kein Mensch alleine in die spirituelle Welt eintreten kann. Das wäre, als müsste jeder einzelne Mensch die ganze Physik und Chemie neu „erfinden", um sich der heutigen Technik zu bedienen. Man würde wie ein Neandertaler leben, ohne die von der Menschheit erreichten Errungenschaften zu nutzen. Mit anderen Worten, es wäre sinnlos.

Deshalb braucht ein Anfänger einen Lehrer, der bereits die spirituelle Welt erreicht hat und dem Schüler zeigen kann, was er zum Erreichen der Höheren Welt braucht. Der Lehrer führt den Schüler in die Spiritualität, unabhängig davon, dass der Schüler das Verständnis der Verbindung mit dem Lehrer erst nach dem Erreichen der Höheren Welt erkennen wird.

Einheit mit dem Lehrer tritt im Vorfeld schon auf der weltlichen Ebene auf. Aber Einheit mit dem Schöpfer ist nur möglich, wenn Sie die Höhere Welt erleben. Der Lehrer ist der Führer auf dieser Reise. Kontakt und Einheit mit dem Lehrer führen zu Kontakt und Einheit mit dem Schöpfer.

Lassen Sie Ihr Herz entscheiden

Spirituelle Funken

Als ich meinen Lehrer Rav Baruch Ashlag fragte, wie er nachweisen könne, ob er der richtige Lehrer sei, antwortete dieser: „Ich habe keine Antwort für dich. Das ist etwas, das du mit deinem Herzen beantworten musst. Du solltest niemandem glauben. Ich empfehle dir, woanders hinzugehen und zu suchen, und wenn du dadurch einen besseren Platz finden solltest, dann ist das der Ort, an dem du bleiben sollst."

Wie finde ich einen solchen Lehrer? Kabbala hat darauf eine einfache Antwort: Studieren Sie dort, wohin Sie das Verlangen Ihres Herzens zieht – wo Sie sich zugehörig fühlen. Der richtige Lehrer wird nicht versuchen, Sie von diesem oder jenem zu überzeugen. Die Kabbala ist eine Weisheit, die Sie aus freiem Willen und eigener Wahl heraus lernen. Spirituelle Entwicklung kann auf keinem anderen Weg geschehen.

Wenn Sie sich von allem Externen trennen, von allen Überzeugungen, von Ihrer Erziehung und von allem, was Sie bisher in Ihrem Leben gehört haben, wenn Sie in Ihrem Herzen das Gefühl haben, dass Sie nun einen Lehrer und einen Ort zum Studium gefunden haben, dann sollten Sie bleiben. Dies ist die einzige gültige Prüfung und nichts anderes zählt.

Wie Rav Baruch Ashlag sagte: „Kritisieren Sie und bezweifeln Sie alles. Das wichtigste Ziel ist es, von Vorurteilen, von der Bildung der Menschen und der öffentlichen Meinung frei zu sein. Befreien Sie sich von allem Belanglosen, und nehmen Sie alles entsprechend Ihrer Natur auf. Das ist das Ehrlichste, denn jede Erziehung und äußere Meinung üben Zwang auf den Menschen aus."

Tipps und Tricks

Die Rolle des Lehrers in der Kabbala ist sehr subtil. Der Lehrer muss den Schüler von sich weg und in Richtung Schöpfer lenken. Der Schüler kann es von sich aus kaum vermeiden, seinen Lehrer zu bewundern, außer wenn er sein Ego bereits transzendiert und die Höhere Welt erreicht hat. Und woher wissen Sie, dass Ihr Lehrer der richtige ist? Lassen Sie Ihr Herz entscheiden!

Studium in der Gruppe

Alle großen Kabbalisten studierten in Gruppen. Rabbi Shimon Bar-Yochai führte eine Gruppe von Studenten und ebenso der ARI. Eine Gruppe ist für den Fortschritt von entscheidender Bedeutung. Es ist das wichtigste Werkzeug der Kabbala und jeder wird durch seinen Beitrag zur Gruppe wachsen.

Ein Mensch, der nur alleine studiert, kann nur das eigene Werkzeug benutzen, um das Licht des Schöpfers anzuziehen. Jene, die in einer Gruppe studieren, fertigen aber ein Schiff, das aus allen Teilnehmern besteht, und jeder genießt darin die Erleuchtung.

In der heutigen Hightechwelt muss sich eine Gruppe nicht unbedingt an einem physischen Ort treffen. Gleichgesinnte Menschen, die ein gemeinsames Ziel (die Spiritualität) verfolgen, können sich auch über das Internet kennen lernen. Eine solche Gruppe kann mit folgender E-Mail kontaktiert werden: info@kabbalah.info

Gemeinsame Verlangen

Die Gruppe bietet Kraft. Jeder Mensch hat nur eine „kleine" Sehnsucht nach Spiritualität. Die Vergrößerung des Verlangens nach Spiritualität geht nur über das gemeinsame Verlangen. Mehrere Schüler zusammen stimulieren das Licht zu einem einheitlichen Kraftfeld, das stärker ist als die Summe seiner Teile.

Der Grund dafür ist, dass wir alle Teile derselben Seele sind (denken Sie an Adam).

Mischen sich diese Teile, erschafft dies ein kollektives Schiff und bringt uns dadurch mehr Licht. Dieses Licht wirkt auf jede Person in der Gruppe und auf diese Weise werden alle Mitglieder der Gruppe und die Gruppe selbst korrigiert. Eine Gruppe ist wie eine Partnerschaft. Sie können fallen und haben dennoch nichts von dem früheren Zustand verloren, da die Gruppe weiter bestehen und Ihre Wünsche für Sie aufrechterhalten wird. Somit kann Ihr Anteil an der Gruppe weiterhin existieren, unabhängig von Ihrem gegenwärtigen Zustand.

Lassen Sie das Licht in Sie fließen

Rav Yehuda Ashlag sagte, dass Sie jedes Mitglied der Gruppe als groß betrachten sollen (spirituell gesehen). Das hilft Ihnen, spirituelle Kräfte aufzunehmen, wenn Sie sich in einem persönlichen Abstieg befinden. Dies ist vergleichbar mit dem Gesetz verbundener Gefäße, durch die das Wasser so lange fließt, bis es zum tiefsten Stand kommt.

Wenn Sie daran glauben, dass das Licht und die spirituellen Kräfte wie Wasser sind, dann haben Sie nichts weiter zu tun, als sich gegenüber Ihren Freunden als „niedrig" zu betrachten. Das Licht der anderen wird in Sie fließen und als Ergebnis wird mehr Licht von Oben in die Gesamtheit fließen.

Dies führt zum kontinuierlichen Fortschritt der gesamten Gruppe. Obwohl sich die Rolle der Gruppenmitglieder abhängig von ihrem spirituellen Zustand ändern kann, ist der Aufstieg der Gruppe ununterbrochen und wird immer stärker.

Praktische Umsetzung
Die Informationen in diesem Buch bilden die Grundlage für Ihre Reise in
Richtung Wahrnehmung der spirituellen Kräfte und der Höheren Welten.
Aber dies ist erst der Anfang. In späteren Stadien Ihres Aufstiegs wird es
Fortschritte nur mit Hilfe des Lehrers und dem Anschluss an eine Gruppe,
persönlich oder „online", geben.

Wie machen Sie das Beste aus dem Studium in der Gruppe? Dies geschieht durch ein sehr einfaches Mittel: Sie erhalten von der Gruppe die Wertschätzung für das Ziel – die Vereinigung mit dem Schöpfer. Darauf bezieht sich der Vers „Liebe deinen Nächsten wie dich selbst", und dies macht die anderen zu Ihren Freunden. Wenn Sie den Freunden in der Gruppe zuhören und sie schätzen, werden Sie von ihnen die Botschaft von der Größe des Schöpfers und somit die Größe des Gebens aufnehmen. Dann gehören Sie wirklich zu einer Gruppe von Kabbalisten.

Kabbalastudium über große Distanzen hinweg

Kabbalisten stehen bereit. Heutzutage ist es fast wie bei einem Callcenter. Für die breite Öffentlichkeit gibt es zwar nicht für jeden Menschen einen „persönlichen Trainer", aber Lehrer sind für jeden und überall verfügbar. Durch erweiterte Kommunikation treten die Lehrer in Verbindung mit den Gruppen. Alles entwickelt sich je nachdem, was für die endgültige Korrektur erforderlich ist.

Dies ist auch der Grund, warum sich die Kommunikation in dieser Welt in solcher Weise entwickelt hat. Soziale Netzwerke, virtuelles Lernen, billige und schnelle Internetverbindungen machen das Studium der Kabbala für jedermann zugänglich. Baal HaSulam, Rav Kook und andere große Kabbalisten haben darauf hingewiesen, dass die Lehre an die heutige Welt angepasst werden muss. Das Internet bietet daher eine ideale Möglichkeit, um die Kabbala zu studieren. Sie können Unterrichte live mitverfolgen oder zu jedem beliebigen Zeitpunkt downloaden. Auf diese Weise können Sie auch online weltweite Versammlungen und Konferenzen der Studenten mitverfolgen oder ein paar Mal im Jahr zu regionalen Treffen von Freunden reisen, um die Verbindung mit ihnen auszubauen. Die Bnei Baruch Webseite zum Beispiel bietet unter www.kab.info alle diese Möglichkeiten online und völlig kostenlos an.

Zusammenfassung

- Die Kabbala ist heutzutage nicht nur offen für alle, sondern ihre Verbreitung ist auch die Forderung der Stunde.
- Es gibt keinen Zwang in der Spiritualität; studieren Sie, was Ihr Herz verlangt.
- Die Dreifaltigkeit der Kabbala sind die (authentischen) Bücher, der (richtige) Lehrer und die (richtige) Gruppe.
- Heutzutage ist das Lernen in einer virtuellen Gruppe genauso wirksam wie das Lernen in einer physischen Gruppe.

■ 13. Lass die Musik sprechen

Essenz

- Wenn Worte nicht ausreichen, greift man zur Musik
- Die zwei Empfindungen (und Stimmungen) der kabbalistischen Musik
- Musik und die kommende Welt

Für Kabbalisten war das Komponieren von Musik schon immer Teil ihrer spirituellen Ausdrucksform. Dies ist ein untrennbarer Bestandteil ihrer Spiritualität und ergibt sich unmittelbar aus ihrer spirituellen Stufe. Da es in den spirituellen Höheren Welten keine Worte gibt, füllt die Musik diese Lücke. Für musikalische Schüler kann dies nützlicher und mächtiger sein als jedes Buch.

Nicht nur durch Worte

Wenn der Kabbalist beginnt, die Höhere Welt zu offenbaren, betritt er eine neue Dimension. Eine neue Welt enthüllt sich ihm in vollem Ausmaß. Dies ist etwas, das nicht in unserer Welt existiert.

Der Kabbalist nimmt ein vollkommen anderes Bild wahr: Kräfte, die unsere Welt in Bewegung bringen, und Seelen, die nicht in Verbindung mit den Körpern stehen. Vergangenheit, Gegenwart und Zukunft sind eins für Kabbalisten. Der Kabbalist erkennt all dies und lebt in einer ewigen und vollkommenen Empfindung, die das ganze Universum umfasst.

Worte reichen nicht aus, um diese tiefe emotionale Erkenntnis zu beschreiben. Wie beschreibt man etwas, das man nicht berühren kann? Die Welten der Kabbala müssen von Kabbalisten „gefühlt" werden.

Wenn Worte fehlen, verschafft uns die Musik Erkenntnis jenseits unseres gewöhnlichen Verständnisses. Musik hat die Kraft, uns zu „bewegen" und uns Dinge spüren zu lassen, die jenseits der Worte liegen.

Spirituelle Funken

Wenn die Niederen ihr Leben durch Lieder beginnen ... werden die Höheren ihnen mehr Kraft gewähren, damit die Niederen das Höhere Licht der Weisheit erhalten werden, welches sich im SoN der Welt Azilut enthüllt und in den Engeln, die ihm vorausgehen. Auf diese Weise erhöht der Niedere die Kraft und das Leuchten der Weisheit in den Höheren Welten.

Rav Yehuda Ashlag, Sulam Kommentar zum Buch Sohar

Musik – sie berührt, wo Worte es nicht können

Kabbalisten erklären anhand von Texten die Stufen der Spiritualität, die sie erreicht haben. In ihren Schriften leiten uns Kabbalisten jedoch nur an, wie wir einen Eindruck gewinnen, eine Wahrnehmung und ein Gefühl dieser Realität entwickeln können. Sie schreiben über die Art der Handlungen, die Sie in Ihrem Inneren vollziehen müssen, mit Ihren Verlangen, Ihrem Schirm und den Reshimot – mit allem, was in Ihrer Seele ist.

In der Tat sagen die Schriften: „Führen sie bestimmte Handlungen aus, und dadurch werden Sie bestimmte Dinge entdecken." Sie beschreiben aber nicht, was wir fühlen werden, denn es ist unmöglich, Gefühle in Worte zu fassen.

Es ist, als ob man jemandem ein neues Gericht präsentieren würde und sagte: „Versuche es und du wirst wissen, was ich meine." Ob bitter oder süß – man kann nur erahnen, was ein Mensch verspüren und wie er dies erleben wird. Doch die Empfindung selbst wird nur der Mensch selbst spüren, der das Angebot annimmt, und niemand sonst. Die Kabbalisten haben es also sehr schwer, uns zu vermitteln, was sie fühlen, was sie erkennen und was sich vor ihnen enthüllt – was die verborgene Welt ist.

Nur ein Medium kann die Freude eines Menschen zum Ausdruck bringen, dem sich die Höhere Welt offenbart hat, und das ist die Musik. So schrieben die Kabbalisten neben Artikeln und komplexen Schriften auch Melodien und Lieder. Es ist eine weitere Möglichkeit für sie, ihre Empfindungen in klarer Weise zum Ausdruck zu bringen, von Herz zu Herz, durch Melodien, ohne Worte, damit diese Melodien unsere Herzen durchdringen und uns verändern – uns darauf „einstimmen", die Höhere Welt zu erkennen.

Praktische Umsetzung

Selbst die Musik kann die Eindrücke der Höheren Welt nicht präzise vermitteln, weil wir nicht die gleichen Kelim (Gefäße), die gleichen Sinnesorgane oder die gleichen inneren Eigenschaften besitzen wie jene Kabbalisten, die die Höhere Welt erreichten und wahrnahmen. Dennoch gibt uns die Musik einen Eindruck der Höheren Welt, ein ähnliches Gefühl – und doch nur eine schwache Kopie.

Bade im Licht

Kabbalistische Musik drückt die spirituellen Zustände der Kabbalisten aus. Die Melodien wurden komponiert, um zwei unterschiedliche Stufen in der Spiritualität zu beschreiben. Die erste ist das Leid, das daraus resultiert, dass man sich vom Schöpfer entfernt. Dieses Gefühl erzeugt traurige Musik, ausgedrückt durch ein Flehen nach Annäherung. Die zweite Emotion ist Freude, resultierend aus der Annäherung an den Schöpfer. Dieses Gefühl bringt fröhliche Musik hervor, ausgedrückt durch Dankesgebete. Wenn Sie kabbalistischer Musik lauschen, hören und fühlen sie diese beiden unterschiedlichen Zustände in der Musik.

Diese beiden Stimmungen zusammen genommen beschreiben die Beziehung der Kabbalisten zum Schöpfer und ihre Vereinigung mit dem Schöpfer. Obwohl uns einige Melodien zu Tränen rühren, lieben wir sie, da sie das Leid ausdrücken, mit dem man umzugehen lernen muss, um zu einem guten Ergebnis zu gelangen. In der Kabbala wird dies „Versüßung des Urteils" genannt.

Die Musik taucht den Hörer in ein wunderbares Licht. Wir müssen nicht alles darüber wissen, bevor wir sie hören, weil das Verborgene unbeschreiblich ist. Aber die Musik wirkt schnell und direkt in unseren Herzen. Sie immer und immer wieder zu hören, ist eine sehr besondere Erfahrung.

Wenn Sie die Musik fühlen, brauchen Sie sich nicht die verschiedenen Ebenen der spirituellen Welten vorzustellen, die in den Büchern beschrieben werden. Diese Stufen existieren nirgends, außer in Ihnen selbst, und verführen Sie daher.

Was ist also so besonders an dieser Musik, dass jeder sie verstehen kann, auch wenn er nicht die spirituelle Stufe des Komponisten erreicht hat? Von Kabbalisten komponierte Musik zu hören, verschafft uns die Möglichkeit, ihre spirituellen Empfindungen zu erkennen.

Melodien der kommenden Welt

Die Melodien der Kabbala können als Melodien der kommenden Welt beschrieben werden, weil sie dazu dienen, die Höheren Welten in diese Welt herabzubringen. Singen zieht Segen von Oben herab, der sich in allen niederen Welten manifestieren kann.

In den Worten von Rabbi Elazar Azikri (1533-1600): „Jene, die streben, sollen Lobpreisungen bis zu den spirituellen Höhen, bis zu den Höheren und niederen singen und damit alle Welten durch das Band des Glaubens zusammenhalten." (In der Kabbala bedeutet „Glaube" Erreichung des Schöpfers.)

Stimmen Sie Ihr inneres Instrument

Um zu verstehen, was der kabbalistische Komponist in der Melodie ausdrücken wollte, müssen Sie nur zuhören. Dadurch dass die kabbalistische Melodie einen Eindruck der spirituellen Welten vermittelt, berührt sie Sie wahrscheinlich bis zu einem bestimmten Grad.

In jedem von uns steckt eine Seele, und die Seele eines Kabbalisten ähnelt einem Musikinstrument, welches perfekt gestimmt ist und sich sauber anhört, gleich der biblischen Violine König Davids.

Dies war keine gewöhnliche Violine, sondern das innere Kli (Gefäß/Instrument) der Seele eines Kabbalisten. Darin fühlt der Kabbalist die Realität auf eine bestimmte Weise und drückt sie durch eine Melodie aus.

> **Spirituelle Funken**
> *Wenn ein Mensch sich die Eigenschaft von Bina – Barmherzigkeit – aneignet, fühlt er sich ruhig und gelassen. Rav Baruch Ashlag verdeutlichte dies in seiner sanften Melodie zu den Worten des Psalms 116 „Denn Du hast meine Seele befreit."*

Spirituelle Harmonie

Sie können die kabbalistischen Klänge nutzen, um sich mit den spirituellen Wurzeln zu verbinden, von denen sie geschrieben wurden. Entspannen Sie sich und hören Sie die Musik.

Die Information liegt in den Noten selbst. Die Noten in der Kabbala sind nicht wahllos oder zufällig. Ihre Harmonien folgen kabbalistischen Regeln und sind entsprechend dem Aufbau der Seele ausgewählt. Sie stellen den Weg dar, der die Leiter hinaufführt. Sie (der Hörer) fühlen, wie die Melodie ungehindert und tief in Ihre Seele eindringt. Sie erkennen darin die Verbindung zwischen Ihrer Seele und den Wurzeln der Noten.

Gehen Sie zurück zu Kapitel 10 und denken Sie nochmals über die spirituelle Natur der hebräischen Buchstaben und deren Zahlenwerte nach. Das Wichtigste in der kabbalistischen Musik sind nicht die Noten selbst, sondern all die feinen Nuancen, die dazwischen liegen.

Um Ihnen ein Gefühl dafür zu geben: In Kapitel 10 sagten wir, dass es Taanim (Geschmäcker), Nekudot (Punkte unter, in oder über den Buchstaben), Tagin (Kronen an der Spitze der Buchstaben) und Otiot (Buchstaben) gibt. Diese repräsentieren Nuancen, geformt vom Abdruck des Lichts. Abdrücke zum Beispiel von Reshimot, welche das spirituelle Gefäß verlassen und wieder in es eintreten.

Spirituelle Funken

Singen ist der Ruf der Seele, ... das Lied erweckt die Höheren und die niederen in allen Welten. Ein Lied ist wie eine Quelle von Oben, eine Ruhe des Höheren, die göttliche Barmherzigkeit. Das Lied schmückt den geheiligten Namen, Malchut, das Gefäß des Schöpfers. Und dies ist der Grund, warum es das Heiligste des Heiligen ist.

Rav Yehuda Ashlag, Sulam Kommentar zum Buch Sohar

Das Gleiche gilt für die Melodien. Musiker, die kabbalistische Musik zu spielen vermögen, sind dünn gesät. Der Unterschied zwischen dem, der „schön" spielt, und dem, der „korrekt" spielt, liegt im Verständnis für die wichtigen Dinge. Das Wichtigste liegt nicht in den Tönen, sondern in den winzigen Nuancen – im Beginn und im Ende des Klangs.

Ich hatte einen wundervollen Studenten, der Violine spielte. „Ich kann nur spielen, wenn du meine Hand halten wirst", sagte er mir. Und er hatte Recht – kabbalistische Musik transportiert das richtige Gefühl und nicht die richtigen Noten.

Zusammenfassung

- Musik ist ein weiteres Medium für Kabbalisten, um ihren spirituellen Zustand auszudrücken.
- Kabbalistische Musik lässt Sie fühlen, was die Bücher durch Text ausdrücken.
- Kabbalistische Lieder drücken das Zusammenspiel zweier Stimmungen aus: Leid über die Entfernung vom Schöpfer und Freude über die Annäherung an den Schöpfer.
- Letztendlich müssen Sie sich nur entspannen, der Musik lauschen und dabei die Gefühle der Kabbalisten aufnehmen, die diese in ihrer Musik enthüllt haben.

■ 14. In der globalen Ära

Essenz

- Wie wir einander beeinflussen
- Wir stehen zusammen und stürzen zusammen
- Die Abfolge der Verlangen
- Das Potenzial (und die Gefahr) der großen Verlangen
- Wie selbstsüchtig können wir sein

Es ist nicht neu, dass die Welt in einer Krise steckt. Wir fühlen uns heute nicht mehr so zufrieden und sicher wie gestern. Wir haben sogar das Gefühl, dass wir die Kontrolle völlig verloren haben. Es wird für uns immer schwieriger, positiv in die Zukunft zu blicken und dies ist die eigentliche Krise.

Ein wissenschaftlicher Grundsatz besagt, dass eine genaue Diagnose bereits die halbe Genesung ist, denn der ganze Heilungsprozess hängt davon ab. In diesem Kapitel erklären wir die Wurzel unserer Krise und den Weg zur Lösung. Dieses Kapitel führt in die Konzepte ein, und die folgenden erläutern die Ideen und deren praktische Umsetzung genauer.

Unsere große blaue Kugel

Wenn die Bergleute in China Kohle abgraben, wird die Luft in Kalifornien verschmutzt. Wenn sich die Emissionen von amerikanischen Autos in der Luft zersetzen, schmilzt das Eis in Grönland. Und wenn das Eis im Meer von Grönland schmilzt, steigt der Meeresspiegel an und die Niederlande versinken.

All dies verweist uns auf die Tatsache, dass wir alle Teil eines globalen Dorfes sind und unsere Handlungen sich auf andere auswirken.

Durch Dick und Dünn

Von allen Werten, welche uns lieb und teuer sind, ist wohl unser Besitz einer der wichtigsten. In Kapitel 5 sprachen wir von fünf Stufen der Verlangen: unbelebt, pflanzlich, tierisch, menschlich und spirituell. Wir erklärten, dass es einst nur eine einzige Seele gab, Adam, welche in Milliarden Teile zerbrach. Die Teile kleideten sich dann in unsere physischen Körper in dieser Welt.

Aber, gleichgültig wie weit wir uns von jedem anderen Menschen entfernt fühlen, wir sind immer noch eine einzige Seele, Adam.

So wie eine Gehirnzelle die Blutzelle nicht wahrnimmt, kann sie dennoch nicht ohne diese existieren. Durch die Blutzellen wird der Sauerstoff als „Nahrung" ins Gehirn befördert, und ohne das Blut würden die Gehirnzellen absterben, und in weiterer Folge ebenfalls die Blutzellen. Und wir.

Durch dick und dünn – zusammen stehen wir und zusammen gehen wir unter, denn wir sind bereits miteinander verbunden.

Spirituelle Funken

Die gesamte Realität, die Höhere und die niedere ist eins ... und emanierte und wurde geschaffen durch einen einzigen Gedanken. Dieser eine Gedanke ist die Essenz all dieser Tätigkeiten, die Absicht dahinter. Dies ist, durch sich selbst, die gesamte Perfektion, das „Eine, Einzige und Vereinigte."

Rav Yehuda Ashlag, Lehre der Zehn Sefirot

Verantwortung übernehmen

Überlegen Sie: Ein neugeborenes Baby ist für nichts verantwortlich. Wie kann das sein? Weil es noch nicht über Dinge nachdenken und verstehen kann, weil es die Welt noch nicht erfahren kann. Ein Baby kann für nichts verantwortlich gemacht werden.

Aber ein älteres Kind kann bereits Verantwortung für etwas tragen, selbst wenn es sich nur daran erinnern soll, das Pausenbrot in die Pausenbox zu packen oder mit dem Hund am Nachmittag spazieren zu gehen. Ein Jugendlicher ist für noch mehr Dinge verantwortlich und von einem jungen Erwachsenen wird erwartet, dass er bereits die volle Verantwortung für sein Leben und die

Gesellschaft übernimmt. Wenn wir älter werden und selbst Kinder bekommen, übernehmen wir zusätzlich Verantwortung für andere. Was aber wäre, wenn jeder von uns für jedes menschliche Wesen dieser Welt Verantwortung übernähme? Was wäre, wenn man die Verantwortung nicht nur für die momentan lebenden Menschen tragen müsste, sondern auch für alle Menschen, Tiere, Pflanzen und Mineralien, die seit Anbeginn der Schöpfung existiert haben und in alle Ewigkeit noch existieren werden? Dies ist die Bedeutung von spiritueller Verantwortung. Nun kann diese Aufgabe wie eine schwere Last klingen, aber was ist, wenn diese Verantwortung nicht von einem gemeinen Lehrer stammt, der seine Schüler mit solch einer unerfüllbaren Aufgabe quälen will? Was wäre, wenn dies alles nur ein Ergebnis der Liebe wäre?

Wir lieben unsere Kinder, somit ist die Verantwortung für deren Wohlergehen nicht nur natürlich sondern sehr willkommen. Was wäre, wenn wir die gleiche Art von Liebe und Zuneigung, die wir für unsere Kinder verspüren, künftig für die ganze Welt und alles, was jemals gelebt hat, lebt und leben wird, empfänden? Diese unglaubliche Liebe ist spirituelle Glückseligkeit. Die Kabbala hilft uns dabei, diese Liebe zu erfahren und sie zu unserer Natur zu machen.

Wie eine Einheit

Erinnern Sie sich, als wir begannen? Zuerst gab es dort Adam, die eine Seele. Adam war eine gute Seele, welche einzig nur dem Schöpfer geben wollte. Aber er überschätzte seine Absicht, dem Schöpfer zu geben, und machte einen schwerwiegenden Fehler. Er zerbrach und als Konsequenz wir mit ihm. Seine Seele zersplitterte in 600.000 Teile, welche auch heute noch weiter zerbrechen; jeder der Millionen von Menschen in unserer Welt ist ein winziges Fragment der ersten Seele.

Wissenswertes

Hier ist die kabbalistische Erklärung für die Überbevölkerung auf unserem Planeten. Unser Egoismus wuchs immer weiter an und wurde somit immer schwieriger zu korrigieren. Der einzige Weg zur Korrektur bestand in der Zersplitterung des Egoismus in kleinste Stücke. Um das Ego korrigieren zu können, muss es sich in einen physischen Körper „kleiden". Die Zahl der Bevölkerung auf der Welt entspricht der Anzahl der Teilstücke der gemeinsamen Seele (Adam), welche wir gegenwärtig korrigieren müssen.

Das Schöne daran ist, dass jeder von uns sowohl eine einzelne Seele als auch ein Stück des ganzen Puzzles von Adam haRishon ist. In uns sind all die Teile jener ersten Seele – so wie jede einzelne Zelle in unserem Körper die gesamte genetische Erbinformation beinhaltet oder ein Teil des Hologramms das gesamte Bild enthält.

Um zu erkennen, dass wir eine einzige Seele sind, müssen wir dies auch fühlen wollen. Dieses einfache Gesetz zieht sich durch die ganze Kabbala und Spiritualität: kein Zwang. In anderen Worten: Du bekommst nur das, was du auch wirklich bekommen willst. Die Zellen in unserem Körper denken nicht darüber nach, wie sie miteinander arbeiten. Sie funktionieren einfach wie eine Einheit. Wir würden es sonst nicht über die erste Woche der Schwangerschaft hinaus schaffen. Die Biologie gibt uns ein perfektes Beispiel, um kabbalistisch gesehen die gemeinsame Seele zu beschreiben.

Wenn ein befruchtetes Ei im Bauch der Mutter heranwächst, beginnen die Zellen sich zu differenzieren und etwas sehr Schönes geschieht. Die Zellen beginnen miteinander zu kommunizieren und zu kooperieren. Je mehr sie sich voneinander unterscheiden, umso mehr kommunizieren sie miteinander. Eine Leberzelle kann nicht das tun, was eine Nierenzelle vollbringt. Ihre Aufgaben unterscheiden sich völlig, aber sie arbeiten gemeinsam für das Wohlergehen des ganzen Körpers.

Die Zeit des Zusammenseins

Wie unsere Zellen könnten auch unsere Seelen zusammenarbeiten. Wir können aber auch als isolierte Singles leben, als wären wir Einzeller, doch wir wissen alle, dass die Einzeller ganz am Ende der Nahrungskette stehen. Die Geschöpfe ganz oben bestehen aus Milliarden von Zellen mit speziellen Funktionen, und alle Zellen vereinigen sich zu einem Organismus.

Kabbalisten der Vergangenheit erreichten Spiritualität durch sich selbst, weil sie einzigartige Seelen mit einzigartigen Fähigkeiten waren, und somit solch unbeschreibliche Leistungen vollbringen konnten. Aber heute ist es anders. Jetzt steht die Kabbala allen offen und wird von vielen studiert, doch wird niemand etwas allein und ohne Hilfe erreichen können. Nur als eine Einheit können wir letztendlich mehr erreichen, als jemals zuvor erreicht wurde.

Aus diesem Grund betonen zeitgenössische Kabbalisten die Bedeutung der Verbreitung des Wissens der Kabbala so sehr. Sie wollen die Welt all dies wissen lassen, damit sich immer mehr „Zellen" der kollektiven Arbeit der Seele, des spirituellen Körpers, anschließen.

Mein Kleines Ich in Dir, Dein kleines Du in mir

Aus der Tatsache, dass wir von einer gemeinsamen Seele abstammen, lässt sich vieles ableiten: zum Beispiel dass ich auch meinen Teil in Ihnen korrigiere, wenn ich mich selbst korrigiere, und wenn Sie sich korrigieren, korrigieren Sie damit Ihr „Ich" in mir.

Um dies zu verdeutlichen, nehmen wir drei einzelne Personen als Beispiel: Jack, James und Mary. Eines Tages beginnt Jack den Punkt im Herzen zu verspüren und fängt an, sich selbst zu korrigieren. Jack hat einen kleinen Teil von James und von Mary in sich, und die beiden anderen haben jeweils ein kleines Stück der anderen in sich. Sie sind „Zellen" im gleichen spirituellen Körper, und jede Zelle beinhaltet die gesamte genetische Information des gesamten Körpers. Wenn Jack sich selbst korrigiert, korrigiert sich somit auch der Jack in James und Mary. Natürlich fühlen die beiden anderen dies nicht, weil sie nicht Jack sind. Aber in der Folge beginnt der Jack in James und Mary, die beiden zu erwecken, damit auch sie dieses neue Konzept von Spiritualität entdecken. Auf diese Weise werden sie von Jack inspiriert. Seine Veränderung dient ihnen als Modell. Dies geschieht, da die Grundstruktur alles Menschlichen die gleiche ist. Wir alle haben Punkte im Herzen und wir müssen sie von niemandem bekommen. Wir müssen nur genau hinhören und unser Punkt im Herzen wird sich uns öffnen. Wir sprachen bereits in Kapitel 3 und 7 über die Wichtigkeit des sozialen Einflusses in Bezug auf die Entwicklung und Richtung unseres Wachstums. Wenn wir reich werden wollen, müssen wir uns mit Leuten umgeben, die ebenfalls zu Geld kommen wollen. Wenn wir zu Anwälten werden wollen, müssen wir uns mit Richtern und Notaren umgeben und zuhören, was diese sagen.

Praktische Umsetzung

Wenn wir uns mit Menschen umgeben, die einen schlechten Einfluss auf die Gesellschaft oder sich selbst haben, werden wir mit der Zeit wie sie denken. Um uns also in die richtige Richtung zu entwickeln, sollten wir uns mit Menschen umgeben, die ebenfalls in diese Richtung zur Korrektur voranschreiten wollen.

Wir lernen viel von den Menschen unserer Umgebung. Wir absorbieren deren Geist. Das ist wichtiger als alles andere und es macht auch den ganzen Unterschied zwischen Erfolg, Mittelmaß oder Scheitern aus. So verhält es sich auch mit dem „spirituell werden". Suchen Sie die Gesellschaft von Menschen, die ebenfalls Spiritualität erreichen wollen. Wir alle haben viele egoistische Verlangen in uns und nur ein kleines Quäntchen Spiritualität (wahren Altruismus) – den Punkt im Herzen. Wenn man nun viele Menschen über Spiritualität sprechen hört, wirkt dies sehr fördernd und man gelangt zu dem Gedanken, dass alle außer einem selbst ein Höchstmaß an Spiritualität besitzen. Natürlich ist dies nicht wahr, aber es hat den Effekt, dass man stärker motiviert ist voranzuschreiten. Dadurch beschleunigt der eigene Fortschritt den Fortschritt der anderen, und deren zunächst simulierte Spiritualität wird zur Realität.

Uns selbst – und alles andere retten

Heutzutage erkennen wir, dass der Mensch das einzige destruktive Element in der Natur ist. Das liegt daran, dass wir nicht wirklich Teil der Natur sind. Unsere Körper gehören zwar zum Tierreich, unsere Gedanken aber nicht. Sie sind die Reflexion unseres höheren, spirituellen Ichs, welches noch vor uns verborgen ist. Tieren muss man nicht beibringen, wie sie leben sollen, denn ihr Verhalten ist instinktiv und in ihren Genen festgelegt. Würden wir ebenfalls nur aus dem tierischen Teil in uns bestehen, gäbe es wohl keine Probleme.

Wenn Babys krabbeln lernen, müssen wir auf sie Acht geben, weil sie Dinge tun, ohne lange darüber nachzudenken. Um Schwierigkeiten zu vermeiden, ist also neben dem körperlichen Wachstum auch die Entwicklung des Verstandes wichtig. In der Kabbala gibt es ein Gesetz: „Das Allgemeine und das Besondere sind gleich". Was für ein Individuum wahr ist, ist auch für die Gesamtheit wahr und umgekehrt. Wie ein Baby muss die ganze Menschheit ihren Verstand entwickeln, um nicht dem eigenen kollektiven Körper zu schaden.

Leider lernen wir nur langsam. Darum schaden wir auch unserem Planeten, löschen sein vielfältiges Leben aus und plündern seine Bodenschätze. Durch diesen Prozess schaden wir uns natürlich auch selbst. Um diese Ausbeutung zu stoppen, müssen wir zuerst unseren Verstand korrigieren, indem wir das spirituelle Element in uns korrigieren.

Geist über Materie

Eine der Grundregeln der Kabbala lautet: „Die Höhere Stufe gebietet." Geist steht über Materie. Darüber gibt es keinen Zweifel. Um also unsere Welt zu verändern, müssen wir zum Ort des Geschehens zurückkehren – und das ist der menschliche Geist.

Solange die Menschen nur fortgeschrittene Tiere waren, war die Welt noch in Ordnung. Es bestand keinerlei Gefahr. Doch als wir begannen, alles kontrollieren zu wollen, entwickelte sich auch unser Egoismus. Das ist der Punkt, an dem die Schwierigkeiten anfingen – nicht nur für uns selbst, sondern für die ganze Welt.

Spirituelle Funken

„Ein Verlangen in der Höheren Welt ist ein zwingendes Gesetz in der niedrigeren."

Rav Yehuda Ashlag, Lehre der Zehn Sefirot

Wenn wir unseren Geist korrigieren, wird unser Körper ganz in Harmonie mit der Natur und somit auch mit dem Schöpfer handeln. Dann werden wir keine vom Aussterben bedrohten Tiere mehr schützen müssen. Die Natur wird dies tun, so wie sie es bereits seit Millionen von Jahren tut.

Die Abfolge der Verlangen

Es gibt eine Regel in der Kabbala: „Jener, welcher größer ist als sein Freund, dessen Verlangen ist auch größer als er." Dies bedeutet, dass zum Beispiel das Verlangen von Jack größer ist als das Verlangen von James, und Jacks Verlangen ist größer als er selbst. In anderen Worten hinken wir in diesem Korrekturprozess immer hinter unserem eigenen Verlangen hinterher.

Dies ist ein bewusster Prozess. Es ist nicht so, dass unsere Verlangen wachsen würden. Sie erscheinen nur nacheinander, von kleinen zu großen. Wenn man die Korrektur eines Verlangens beendet, taucht sofort das nächste Verlangen auf. Erinnern Sie sich noch an die Reshimot? Sie bilden diese Sequenz der Verlangen, die den Weg der spirituellen Leiter hinaufführt! Deshalb ist Jack, welcher sein Verlangen korrigiert hat, größer als James, der diese Ebene des Verlangens noch nicht korrigiert hat. Aber Jacks Verlangen wiederum ist größer als Jack selbst, weil es ihn zur nächsten Stufe bringt. In Kürze mehr darüber.

Verlangen wuchern

Wir haben bereits gesagt, dass die Verlangen von Generation zu Generation wachsen. Unsere Generation hat das schlimmste und größte Verlangen in der Geschichte der Menschheit. Kabbalisten beschrieben ihre Gedanken über diese

Generation mit den Worten: „Das Gesicht dieser Generation ist das Gesicht eines Hundes." Man flieht vor dem Bitteren und sucht unbeirrt das Süße. Die Menschen können heute in und durch nichts mehr Erfüllung finden. Depressionen und Gewaltbereitschaft in der Gesellschaft sind die Folge.

Doch die Menschen dieser Generation sind nicht nur gieriger als ihre Eltern. Zum ersten Mal in der Geschichte gibt es ein Verlangen nach dem Wissen, wie dies alles wirklich funktioniert. Wir wollen die ganze Schöpfung kontrollieren und schöpferähnlich werden. Es ist das Verlangen von Millionen Menschen und nicht nur von einigen einzelnen. Viele Leute geben sich nicht mehr mit den traditionellen Antworten zufrieden. Sie wollen alles für sich selbst herausfinden und dies aus einem bestimmten Grund. Die herkömmlichen Erklärungen der Wissenschaften oder der Religionen haben für sie keine Bedeutung mehr. Diese Menschen brauchen eine Methode, um das Gesamtbild zu offenbaren – die Kabbala.

Die Technologie brach ihr Versprechen

Solange wir diese Methode nicht nutzen, werden wir anhaltendes Glück nicht erreichen. Doch je mehr wir „wollen", desto mehr entwickeln wir unsere Gehirne, um das Erwünschte zu erreichen.

Die Technologie wird nicht stehen bleiben, nur weil in uns ein neues Verlangen auftaucht. Aber solange sie uns nicht durch das Studium der Höheren Welt begleitet, wird sie uns nur noch unglücklicher machen. Die Tragik der Technik liegt darin, dass sie in uns falsche Hoffnungen erweckt. Wir glauben, glücklicher zu sein, wenn unser Leben schneller, einfacher und aufregender ist. Durch den Fortschritt der Technologie und unseren trotzdem bestehenden Mangel an Zufriedenheit erkennen wir aber auch, dass wir innerlich leer sind. Damit Wissen uns glücklich machen kann, müssen wir es zu einem spirituellen Zweck verwenden und Erkenntnis erlangen: Wir werden neue Seiten an uns selbst erkennen und unsere Welt in neuem Licht sehen. Die Höhere Welt ist kein anderer Ort, sondern eine andere Perspektive.

Ein großes Potenzial

Im Licht des oben Gesagten können wir nun unsere derzeitige Situation aus einem spirituellen Blickwinkel betrachten. In der Vergangenheit waren die Leute nicht so übel und egozentrisch wie heute. Das allmähliche Erwachen der Reshimot bewirkte diesen Wandel. Wenn Reshimot aus kleineren Verlangen auftauchten, erschienen sie nicht als solch üble Verlangen. Heute jedoch erwachen die letzten und egoistischsten Reshimot in uns. Doch das ist nicht schlecht. Sie wirken wie ein Hebel für größere Errungenschaften. Wenn wir unsere Karten richtig ausspielen, wenn wir diese wilden Verlangen in Richtung eines einzigen konstruktiven Verlangens bündeln können, gibt es keine Grenze außer dem Himmel selbst.

Das Verlangen nach der Hand der Königstochter

Wir können nicht kontrollieren, welche Verlangen an die Oberfläche treten, aber wohl, was wir mit ihnen machen. Die Menschen wollen immer noch Geld, Macht und Wissen. Aber die Menschen sind auch frustriert und werden depressiv, denn unter dieser Oberfläche liegt die Basis aller Verlangen – und das ist die Sehnsucht danach, das große Geheimnis – das Verborgene – zu enthüllen. Menschen wollen alles kontrollieren und alles wissen. Natürlich spürt das nicht jeder in gleichem Ausmaß, dennoch liegt es in der Natur des Menschen, alles zu wollen. Wir spüren aber auch – oder sind realistisch genug, um zu wissen – dass vieles unerreichbar ist, und daher verdrängen wir diese Wünsche in unser Unterbewusstsein.

In der Kabbala heißt es: „Ein Mann wünscht sich nicht die Hand der Königstochter." Er weiß, dass er die Königstochter niemals bekommen wird, nichtsdestotrotz wünscht er es sich im tiefsten Inneren. Und so kommt es zur Frustration. Selbst wenn er die Königstochter haben könnte, würde er nicht zufrieden sein. Ein so großes Verlangen kommt unmittelbar aus der Spiritualität und kann nur durch spirituelle Mittel vollständig befriedigt werden.

Kehrten wir aber zur Wurzel dieses Verlangens zurück, so würden wir die Befriedigung (oder Erfüllung) des Verlangens unmittelbar nach dem Auftreten des Verlangens spüren. Es wäre wie eine endlose Kette von Verlangen und Erfüllung. Was würden wir dann tun? Genussvoll darin abtauchen?

Eigennützig zum Ziel

Wir müssen uns keine Sorgen über die in uns schlummernden Verlangen machen. Wir sind alle potenzielle Verbrecher der schlimmsten Sorte. Dies bedeutet jedoch nicht, dass wir entsprechend diesen Verlangen handeln. Die meisten von uns tun das auch nicht. Wenn wir uns aber dieser Teile in uns selbst bewusst werden, erkennen wir, wie selbstsüchtig wir sind – und dies ist ein sehr guter Start. Dann können wir mit einer wirklichen Veränderung in uns selbst und in der Welt um uns herum beginnen. Nichts Gutes entstand jemals aus etwas Gutem. Gutes erwächst immer aus Krisen, da sie Gelegenheiten zur Veränderung sind. Es ist einfache Mathematik: Nach der verheerenden aktuellen Krise ist die Chance auf Wachstum und Fortschritt größer denn je.

Wie beginnt man mit der Veränderung?

Nun kommt die Frage: „Was muss ich tun?" Gar nichts. Dies ist das Schöne in der Kabbala. Sie müssen nur denken. Stehen Sie mit der Kabbala auf, lesen Sie ein bisschen darüber, sehen Sie sich eine Lektion oder ein Video an und sprechen Sie mit Freunden darüber. Dies ist genug, um eine Veränderung herbeizuführen. Die Natur erschuf uns Egoisten und die Natur wird uns auch verändern. Aber wir müssen wollen, dass dies geschieht. Das ist alles. Wir müssen die Veränderung wollen.

Zusammenfassung

- Wir sind alle verbunden und wir beeinflussen uns alle, im Guten und im Schlechten.
- Es ist Zeit, erwachsen zu werden und Verantwortung zu übernehmen.
- Weil wir alle miteinander verbunden sind wie Zellen in einem Körper, können wir das Ganze verändern, indem wir die Teile verändern.
- Das Verlangen zu wissen, wie die Welt funktioniert, und das letzte große Rätsel zu lösen, ist größer als jemals zuvor.
- Die Gelegenheit für Wachstum und Veränderung ist in Krisenzeiten enorm groß.

■ 15. Diagnose ist der halbe Weg zur Heilung

Essenz

- Wo hat man Entscheidungsfreiheit und wer hat die freie Wahl?
- Die grundlegende Struktur der Natur
- Realität ist die Widerspiegelung unserer Verlangen
- Ist Luxus notwendig?

Im letzten Kapitel stellten wir die Schwächen der Gesellschaft vor. Um die Krise zu beheben, müssen wir zuerst eine Diagnose stellen. Dies ist der halbe Weg zur Heilung.

Wir untersuchen in diesem Kapitel, was wir praktisch tun können, um die Wurzel unseres Problems zu finden, und wie die Kabbala es uns erlaubt, persönlich und sozial in Aktion zu treten. Auch blicken wir darauf zurück, was wir über unsere Wahrnehmung der Wirklichkeit sagten, und zeigen Ihnen, wie Sie diese Information nutzen können. Wenn Sie das Böse in der Gesellschaft und, wichtiger noch, das Böse in sich selbst erkennen, bekommen Sie die Möglichkeit, diese Welt zu verbessern.

Die Natur verstehen

Ganz offensichtlich befindet sich unsere Welt am Rand einer Katastrophe gigantischen Ausmaßes. Um die Ursache der Krise zu verstehen, wollen wir die Anfänge der Natur analysieren.

Wir beginnen damit, die Beschaffenheit der menschlichen Natur vom Standpunkt der Kabbala aus zu betrachten.

Geben oder nicht geben

In der gesamten Natur ist es nur der Mensch, der in Bezug zu anderen boshafte Absichten in sich birgt. Kein anderes Geschöpf verletzt, entwürdigt oder missbraucht andere Lebewesen; oder findet Gefallen daran, andere zu unterdrücken oder sich an deren Leid zu erfreuen.

Der egoistische Gebrauch des menschlichen Verlangens – mit der Absicht, sich selbst auf Kosten anderer zu erhöhen – führt zu einem kritischen Ungleichgewicht in unserer Welt. Die menschliche Ein-Seitigkeit vermag sogar die Natur selbst zu zerstören. Die Gefahr für die Welt wird solange andauern, bis wir unsere selbstbezogene Einstellung der Gesellschaft gegenüber ändern. Der Egoismus eines Teils führt zur Zerstörung des Ganzen. Betrachten wir es vom Standpunkt der Biologie aus: Wenn in einem lebenden Organismus eine Zelle beginnt, sich auf egoistische Weise mit anderen Zellen zu verbinden, wird sie zu Krebs. Eine solche Zelle überwuchert die sie umgebenden Zellen ohne Rücksicht auf Verluste. Sie löscht schließlich den erschöpften Körper und damit auch sich selbst aus.

Dasselbe Prinzip ist, auf den menschlichen Egoismus bezogen, auf die Natur anwendbar. Wenn er sich für sich selbst entwickelt – abgeschottet vom Rest der Natur – führt er als „entarteter" Bestandteil der Natur zu deren Vernichtung. Zellen können nur im Wechselspiel mit anderen existieren, sich entwickeln und vervielfältigen. Diese altruistische Interaktion funktioniert in jedem Lebewesen und ebenso im menschlichen Körper und ist vor dem Verstand verborgen. Der Erschaffer schenkte uns die Freiheit des Willens, um die Notwendigkeit des Altruismus in vollem Umfang zu erkennen und dieses umfassende Naturgesetz zu befolgen – oder auch nicht.

Wie die Medien bereits erkannten, zwingt uns die Globalisierung zu der Wahrnehmung der Welt als ein voneinander abhängiges Ganzes. Es mag abgedroschen klingen, dass wir alle miteinander verbunden sind; aber abgedroschen oder nicht, es ist wahr. Auch haben sich viele Krankheiten durch diese „Verbundenheit" in unserer Welt ausgebreitet. Und dort liegt auch die Lösung – in der altruistischen Koexistenz aller Teile der Natur und indem jeder Teil daran arbeitet, das Gesamtsystem aufrechtzuerhalten.

Zwischen den maßlosen Wünschen des Menschen und der Natur die Balance zu halten, ist eine große Herausforderung. Ein integraler Bestandteil der Natur zu werden und zugleich als ein Individuum zu handeln, ist aber das Ziel. Kabbalistisch gesprochen ist es die Aufgabe der Menschheit, altruistisch zu werden.

Das Fundament der Natur

Altruismus wird definiert als Fürsorge für das Wohlergehen des Nächsten. Untersuchungen des Altruismus zeigen, dass er die Basis allen Lebens ist. Ein lebender Organismus empfängt von seiner Umgebung und gibt ihr. Jeder Organismus besteht aus einer Kombination von Zellen und Organen, die zusammenarbeiten und sich in perfekter Harmonie ergänzen. Sie sind „verpflichtet", nachzugeben, Einfluss zu nehmen und einander zu helfen. Das Integrationsgesetz von Zelle und Organ entspricht dem altruistischen Prinzip „einer für alle" und wirkt in jedem lebenden Organismus.

> **Kabbalistische Begriffe**
> *Kabbalistischer Altruismus bedeutet daher, die Verbindung wachsen zu lassen und die feinen Fäden zwischen allen Teilen der Welt zu einem Gespinst zu verweben.*

Umgekehrt haben alle Elemente der Natur ein unterschiedliches Maß an Verlangen nach Kraft, Vitalität und Freude. Die Intensität dieses Verlangens bringt die unterschiedlichen Stufen der Natur hervor: unbelebt, pflanzlich, tierisch und menschlich. Jede der vier genannten Stufen ist in jedem erschaffenen Wesen vorhanden. Sogar ein Fels hat einen menschlichen Anteil in sich, so auch Pflanzen und Tiere. Ihre dominierende Stufe aber bestimmt ihre äußere Erscheinung.

Beim Menschen sollte die dominierende Stufe die menschliche sein und auf Grund ihres Ranges alle anderen Stufen kontrollieren. Es kommt nichts Gutes dabei heraus, wenn diese Stufe eine „Fehlfunktion" hat.

In der Kabbala entspricht die menschliche Stufe dem Teil, der die freie Wahl hat, der frei entscheiden kann. Wenn wir den Teil in uns entwickeln, der vollkommen unberührt von kalkulierter Selbstbezogenheit ist, werden wir wahrhaft befreit sein – von unserem Ego.

> **Wissenswertes**
> *Vereinfacht ausgedrückt, brauchen wir für die Korrektur der Welt nur Kennedys Rat befolgen: „Frage nicht, was die Natur für dich tun kann, sondern frage, was du für die Natur tun kannst."*

Wenn wir durch das Prinzip „Einer für alle" die Einheit der Natur erreichen, beginnen wir die Einzigartigkeit der Menschheit und ihren Platz in der Welt zu spüren. Die Besonderheit der Menschen – verglichen mit der übrigen Natur – liegt in der Kraft und in der Beschaffenheit des menschlichen Verlangens und in seiner kontinuierlichen Evolution. Altruismus ist die gemeinsame Verbundenheit für ein höheres Ziel. Menschliche Verlangen sind die motivierende Kraft, welche die Zivilisation vorwärts treibt. Der Kunstgriff besteht darin, die Kabbala als Methode zu nutzen, die sich vergrößernden egoistischen Wünsche in altruistische Verlangen umzukehren.

Man ist, was man sieht

Wie nutzen Sie die Kabbala, um Egoismus in Altruismus umzuwandeln? Vom kabbalistischen Gesichtspunkt aus betrachtet, sollten Sie zuerst erkennen, dass die Selbstliebe, die Sie überall in der Welt wahrnehmen, eine Reflexion Ihres eigenen Inneren ist. Sehen wir mal, wieso!

In Kapitel 3 erörterten wir das Wesen der Wahrnehmung. Wir stellten fest, dass die fünf menschlichen Sinnesorgane nicht alles wahrnehmen können und dass man mit Hilfe der Kabbala einen sechsten Sinn (Kli) entwickeln kann, der der Absicht entspricht, etwas für den Schöpfer (anstelle für sich selbst) zu empfangen. Auch zeigten wir, dass die Sinnesorgane nicht das Wesentliche einer Sache wahrnehmen, sondern entsprechend unseren Eigenschaften nur einen Eindruck einer Sache vermitteln. Das, was Sie wahrnehmen, ist beeinflusst, wenn nicht sogar festgelegt durch das, was Sie bereits kennen. Und was Sie erfahren, spielt sich in Ihrem Inneren ab, nicht im Äußeren.

Somit ist das, was Sie und ich äußerlich in der Gesellschaft wahrnehmen, in Wirklichkeit ein Spiegelbild unseres inneren Zustands und keine äußere Wahrheit. Sie und ich schaffen die Gesellschaft, in der wir leben. Wie wir im nächsten Kapitel sehen werden, liegt der Schlüssel zu einer besseren Welt also in Ihrer ganz persönlichen Veränderung.

Zuvor ist aber noch ein letzter Blick auf die Wünsche des Menschen nötig, um zu erklären, dass unser stetig wachsendes Verlangen nicht nur Teil des Problems ist, sondern auch seine Lösung.

Tipps und Tricks

Korrektur arbeitet nur von innen nach außen. Wir sollten nicht in die Falle tappen zu denken, dass wir einen tatsächlichen Paradigmenwechsel bewirken, wenn wir nur unsere sozialen und ökologischen Umstände ändern. Solange wie wir unseren Egoismus nicht korrigiert haben, wird sich die Welt nicht in einen „besseren" Ort verwandeln.

Mehr für mich, weniger für Dich

Außer dem Menschen nehmen alle Elemente der Natur nur das, was sie zum Überleben benötigen. Der Mensch verlangt stets nach besserem Essen, befriedigenderem Sex, höherem Komfort – er will also immer mehr, als er eigentlich zum Leben brauchen würde. Das menschliche Verlangen entspricht einer endlosen Jagd nach Wohlstand, Macht, Ehre und Wissen.

Verlangen nach Dingen, die zum Überleben nötig sind, werden nicht als egoistisch sondern als natürlich betrachtet, da sie aus den Naturgesetzen resultieren. Diese Verlangen sind im Unbelebten, Pflanzlichen, Tierischen genauso wie im Menschlichen vorhanden. Nur solche menschlichen Verlangen, die das für die Existenz Notwendige übersteigen, werden als egoistisch angesehen. Zum grenzenlosen Wachstum der menschlichen Wünsche gesellt sich noch das Verlangen nach Unterdrückung und Ausbeutung der Mitmenschen. Dieses Verlangen wird ausschließlich der menschlichen Natur zugeschrieben und entspricht dem, was in der Kabbala als Egoismus bezeichnet wird. Wir erfahren ihn in unserem Zusammenspiel mit den anderen. Und daher sollten wir ihn auch im Zusammenspiel mit anderen untersuchen und so an ihm arbeiten. Wir sprachen darüber bereits in Kapitel 11.

> ### Spirituelle Funken
> *Wenn wir alle nicht so interessiert an uns selbst wären, wäre das Leben so uninteressant, dass niemand von uns es ertragen könnte.*
>
> *Arthur Schopenhauer (1788-1860), deutscher Philosoph*

Unsere kontinuierliche Befriedigung solcher Verlangen bedeutet, dass wir unsere Entwicklung noch nicht vollendet haben. Nichtsdestoweniger können alle Verlangen als altruistisch oder egoistisch angesehen werden – abhängig von der Absicht, mit der wir sie benutzen. Es ist offenkundig, dass die Entwicklung von Verlangen sowohl Fortschritt als auch Probleme hervorbringt.

Die Notwendigkeit des Luxus

Öffnen Sie Ihren Kühlschrank und Sie werden Lebensmittel aus Dutzenden von Ländern finden. Und was diese Länder produzieren, wird wiederum aus Dutzenden anderer Länder importiert. Betrachten Sie Ihre Kleidung, Ihre Schuhe – sie kommen aus der ganzen Welt. Brauchen Sie das alles?

Die Antwort ist zweideutig. Wir brauchen das alles nicht und es geht eigentlich nur ums Überleben. Wenn wir aber ein „lebenswertes" Leben führen wollen, ist die Antwort meist definitiv „Ja". Außerdem können wir die Entwicklung unserer Verlangen nicht beeinflussen, da sie durch die Reshimot festgelegt sind. Das heißt, dass diejenigen von uns, die bereits mehr wünschen, als zum bloßen Überleben nötig wäre, ihre Verlangen nicht unterdrücken können. Selbst, wenn sie es versuchen und eine Weile Erfolg damit haben, werden sie wieder auftauchen, möglicherweise sogar auf viel unbeherrschtere Art und Weise.

Für die meisten von uns, die wir all das in unseren Kühlschränken, Kleiderschränken und Garagen haben, ist es ein Muss, kein Luxus. Dies wird sich in den kommenden Jahren verstärken, da unsere Wünsche weiter wachsen werden. Wenn Sie über das Ziel der Schöpfung nachdenken und bedenken, dass es darin besteht, sich dem Schöpfer anzugleichen, erscheint das, was wir uns im Moment wünschen, vergleichsweise ziemlich winzig.

Tatsache ist, dass unser Wille zu empfangen heute für uns zu groß ist, um nur unseren Unterhalt zu sichern. Wir möchten viel mehr als das. Wir möchten Autos und Flugzeuge, die Welt sehen, regelmäßig Urlaub machen, fernsehen und ins Kino gehen. Somit haben wir keine Chance. Großen Genuss erlangen wir nur durch große Verlangen.

Nun eine andere Frage: Was ist falsch daran, all das zu wünschen? Wen schädigt man, wenn man sich einen Luxusurlaub auf Hawaii wünscht? Die Antwort lautet, dass man sich durch seine Wünsche selbst am meisten schadet. Nicht, dass die Wünsche schlecht wären, sie bringen jedoch keinen wahren und dauerhaften Genuss. Und wenn sie erfüllt sind, lassen sie den Menschen zweimal so leer zurück als zuvor.

Die Erkenntnis des Bösen, die wir in Kapitel 3 behandelten, entspricht tatsächlich der Erkenntnis, dass etwas für mich schlecht ist. Was nicht schlecht ist für mich, werde ich niemals als etwas Böses definieren. Schließlich ist jeder von uns so geboren, dass er sich ausschließlich auf sich selbst konzentriert und deshalb nur etwas als „schlecht" bezeichnen kann, wenn es ihn selbst betrifft.

Somit ist es an sich nicht schädlich, große Verlangen zu haben. Schlecht daran ist nur, dass wir uns nicht glücklich und erfüllt fühlen, wenn wir sie befriedigt haben.

Spirituelle Funken
Des Menschen Herz ist böse von Jugend auf.

Genesis, 8:21

Aber keine Sorge, es gibt einen guten Grund für all unsere Verlangen und Wünsche. Diese Verlangen existieren in uns, ob wir ihrer gewahr werden oder nicht. Ihre Wurzel reicht viel tiefer und ist erhabener als, sagen wir einmal, die Strände von Hawaii, so wunderschön sie auch sein mögen.

Warum wir an 'verkleideten' Verlangen scheitern

Unsere Verlangen nach materiellen Dingen haben ihre Wurzel in dem Wunsch, Genuss zu empfangen – in Phase 1 vom Schöpfer in uns installiert (wie beschrieben in Kapitel 7): der Genuss, den Schöpfer zu erkennen und so zu sein wie Er. Dieses Verlangen ist in der Folge der Reshimot verborgen, während wir die spirituellen Welten herabsteigen. Heute sind wir dabei, die Leiter wieder hinaufzusteigen – und enthüllen die Reshimot unserer Verlangen, auch wenn wir uns ihrer nicht bewusst sind. Unser Abstieg hat uns in einen Zustand vollständiger Entfernung vom Zentrum des spirituellen Lebens gebracht, und in diesem Sinn hat unser Egoismus seine Aufgabe erfüllt. In einer Welt, in der der Schöpfer nicht wahrgenommen wird, können wir frei wählen zwischen Spiritualität und Materialität – ohne dass wir dazu verpflichtet wären, den einen oder anderen Weg zu gehen.

Wir erklärten in Kapitel 7, dass die Reshimot die unbewussten Erinnerungen an die letzten Zustände der Seele sind. Nun, da wir am Ende unseres Abstiegs angekommen sind, gelangen sie in uns wieder an die Oberfläche und wir erleben dadurch eine intensive Sehnsucht nach beidem: nach materieller und nach spiritueller Erfüllung (denken Sie an die Spiritualität und New Age Trends, besonders in den entwickelten Ländern). Aus Unkenntnis kompensieren wir das Verlangen nach spiritueller Erfüllung, indem wir versuchen, es auf der körperlichen Ebene zu befriedigen („verkleidete" Verlangen nach Sex, Macht, Reichtum und Wissen)– gelangen aber so niemals zu dauerhafter Zufriedenheit und Glück. Der Trick ist, und hier kommt die Kabbala uns zu Hilfe, unsere Gedanken auf unser letztendliches Ziel, den Schöpfer, zu richten. Wünsche kommen und gehen. Auf den Schöpfer ausgerichtete Gedanken aber bewahren uns vor Enttäuschungen, da die Befriedigung „verkleideter" Wünsche nicht ausreicht, uns zu erfüllen. Mit diesem Gedanken im Hinterkopf werden Fragen wie schlechte oder gute Verlangen, Luxus oder Notwendigkeiten Sie nicht weiter verunsichern. Stattdessen werden Sie sich mit viel erhabeneren Themen befassen, die Ihre Verbindung zur Höchsten Kraft betreffen. Deshalb spielt für Kabbalisten diese Welt keine Rolle. Erfüllung existiert nur in der Spiritualität, in Ihrer Verbindung mit dem Schöpfer.

In einem gewissen Sinn sind „schlechte" Verlangen tatsächlich positiv, weil sie uns zeigen, dass wir unsere Arbeit noch nicht vollendet haben und es für uns notwendig ist, unsere Aufmerksamkeit auf ein höheres Ziel zu richten. Sobald ein Verlangen auftaucht, merken Sie nicht, dass es eigentlich ein Verlangen nach dem Schöpfer ist. Sie erfahren es als ein weltliches Verlangen. Nur wenn Sie sich Mühe geben, Ihre Aufmerksamkeit auf den Schöpfer zu richten –

ungeachtet Ihrer irdischen Gedanken – kommt die wahre Natur des Verlangens (Reshimo) zum Vorschein. An diesem Punkt entdecken Sie, dass es sich dabei nur um eine andere Facette Ihres Verlangens nach dem Schöpfer handelt. Das ist die „Alltagswirkung" der Spiritualität.

Eine harmonische Pyramide

Wenn wir uns auf den Schöpfer fokussieren und nicht auf unsere eigenen irdischen Bestrebungen, werden wir Ihn letztendlich finden, indem wir Ihm ähnlich werden. Wir werden wahrnehmen, dass Er und die gesamte Schöpfung bereits gleich sind. Jede Stufe gibt der nächsten, und die ganze Welt lebt in einer harmonischen Pyramide.

Spiritualität – eine dem Menschen vorbehaltene Sehnsucht

Wie wir in Kapitel 14 erklärten, ist es ein Naturgesetz, dass die höchste Stufe über die niedrigeren Stufen regiert. Zum Beispiel sind Pflanzen höher entwickelt als Felsen und können sie sprengen, indem sie ihre Wurzeln in schmale Spalten des Gesteins vorstrecken, um Feuchtigkeit zu erhalten. Tiere regieren über die Pflanzenwelt und Menschen regieren über Tiere. In einem gewissen Sinn leben Tiere auf Kosten von Unbelebtem und Pflanzlichem, genauso wie Pflanzliches auf Kosten von Unbelebtem existiert.

Die höher entwickelten Arten haben größere Verlangen und deshalb herrschen sie über die niedrigeren Stufen. Warum?

Ein Geschöpf mit gering entwickeltem Verlangen gleicht einem Baby. Wenn das Baby zum Kleinkind wird, wünscht es mehr Dinge, weil sein Verlangen sich entwickelt hat und es mehr erstrebenswerte Dinge entdeckt. Wenn es heranwächst, geht es zur Schule, besucht eine Universität, arbeitet und verdient Geld, macht Karriere und gründet eine Familie. Man wächst entsprechend dem, was man sich wünscht.

Kabbalistische Begriffe

Ein Tier fühlt das Leben intensiver als eine Pflanze. Es atmet, bewegt sich und hat alle Arten von Sinneswahrnehmungen. Es erkennt sein Revier, seine Jungen und seine Gruppe. Je höher entwickelt also ein Lebewesen ist, desto mehr fühlt es seine Existenz – sich selbst. Das macht es bedeutender und einzigartig.

Wenn Verlangen uns vorwärts treiben, werden wir rastlos und entwickeln uns. Wir haben keine Wahl. Somit ist das Verlangen ein Motor für Entwicklung und Verwirklichung.

Unsere selbstbezogenen Wünsche bringen uns aber nur bis zu einem bestimmten Punkt. Danach geben wir irgendwann die Hoffnung auf dauerhaftes Glück und Erfüllung auf. Dies ist die Reise, die wir in Kapitel 1 und 2 beschrieben. Dieser unbefriedigende Zustand treibt uns zu allerlei Versuchen, weil wir uns alle letztendlich Erfüllung wünschen. In diesem Zustand fragen wir uns nach dem Sinn unseres Daseins und streben nach Spiritualität – ein einzigartig menschliches Verlangen.

Der Wille zu empfangen wächst immer weiter. Mit zunehmender Kenntnis der spirituellen Konzepte verstehen wir allmählich, dass das „Sich-selbst-Füllen" auf Dauer nichts bringt. Nur das Ausgerichtetsein auf das Wohlergehen der anderen führt zu Glück und Frieden. Und das gibt uns die wahrhafte Erfüllung, so wie eine Mutter sich am glücklichsten fühlt, wenn ihr Kind wohlbehalten und zufrieden ist.

Großer Genuss basiert auf großen Verlangen. Große (unerfüllte) Verlangen lassen eine Leere zurück. Dies wiederum führt zur Erkenntnis des Bösen – dass unsere Verlangen schlecht für uns sind. Die Erkenntnis des Bösen führt uns auf einer höheren Ebene zu einem Verlangen nach etwas völlig anderem. Es ist das nur dem Menschen innewohnende Verlangen, den Erschaffer zu erkennen.

Der springende Punkt dieser Welt

Wie kann das Verlangen nach Schöpfergleichheit den Rest der Natur beeinflussen? Wir beeinflussen niemals irgendetwas auf der Stufe dieser Welt. In dieser Welt können wir nur auf Grund unserer Erfahrungen zu Entscheidungen kommen. Es gibt keine Handlungen in unserer Welt. Wir fragen uns hier nur, was dies alles soll.

Es gibt die tierische Stufe in uns, die sich ein Zuhause, eine Familie und alles, was der Körper braucht, wünscht. Es gibt eine menschliche Stufe in uns, die sich Wohlstand, Ehre und Wissen wünscht. Und es gibt Adam in uns, den Punkt im Herzen, der uns antreibt, dem Bildnis des Schöpfers gleich zu werden. Und dies ist der springende Punkt.

Nur durch die Motivation, schöpferähnlich zu werden, ändern wir uns. Alle anderen Stufen können sich nicht ändern. Sie können gar nichts bewirken. Nur Geschöpfe mit dem Punkt im Herzen haben die Möglichkeit, sich für die Spiritualität zu entscheiden. Durch den Punkt im Herzen hat der Mensch die Wahl und das Potenzial zur Veränderung.

Korrektur beginnt mit der Erkenntnis, dass der Egoismus eine Dualität in sich birgt: Ursprung des Bösen und Motor zur Veränderung. Korrektur ist eine sehr persönliche und machtvolle Erfahrung, aber immer führt sie zum Wunsch, sich in Richtung Altruismus zu bewegen und sich vom Egoismus zu entfernen.

Zusammenfassung

- Menschen sind die einzigen Geschöpfe, die die Wahl haben, ob sie geben wollen oder nicht.

- Wenn wir den Teil in uns entwickeln können, der vollkommen unberührt ist von der Kalkulation des Selbstgenusses, dann werden wir wahrhaft frei sein – von unseren Egos.

- Die Wirklichkeit ist unser Spiegelbild. Wenn sie übel erscheint, ist es, weil wir übel sind.

- Das Ziel der Existenz in dieser Welt ist es, uns zu der Frage zu führen: „Wozu das alles?"

Sie wissen nun, dass wir alle eine Seele sind. Was mit mir geschieht, wirkt sich unmittelbar auf Sie aus. Nun haben Sie die Möglichkeit, jemanden auf der anderen Seite der Welt zu beeinflussen. Dieses abschließende Kapitel soll Ihnen verständlich machen, wie Sie die Kabbala nutzen können, um aus dieser Welt einen besseren Ort zu machen.

Teil Drei
Kabbala heute

Nun wissen Sie, was Kabbala eigentlich ist

und wo ihre Anfänge lagen, aber wie zeigt sich das

in der heutigen Welt? In diesem Abschnitt

wollen wir die Gründe für die globale Krise

vom kabbalistischen Standpunkt aus betrachten.

Sie fragen sich vielleicht: „Was habe ich davon?"

Natürlich beleuchten wir auch

Ihre persönliche Rolle in dem Gesamtbild

und wie Sie selbst dazu beitragen können,

sich Ihre Umgebung und die Welt

als Ganzes zu heilen.

■ 16. Zuerst kommt die Selbstkorrektur

Essenz

- Wie Er die perfekte Welt der Korrektur erschuf
- Wovon die Korrektur abhängt (Hinweis: Es hat mit Verbindungen zu tun)
- Warum die völlige Korrektur erst dem völligen Verfall folgen kann
- Der lange und der kurze Weg der Korrektur

Es ist einfach, die Probleme der Welt zu betrachten und zu sagen: „Da kann man nichts tun..." Sie können etwas tun.

Bis jetzt haben wir die Grundlagen der Kabbala gelernt und dass das Ego unser eigentliches Problem ist. In den letzten beiden Kapiteln wird besprochen, wie wir unser Ego korrigieren können. Erst danach können wir die Welt korrigieren.

Entdecke die vereinten Strukturen

Wie schon mehrfach in diesem Buch erklärt, bietet die Kabbala eine Methode, Ihre innere Wahrnehmung durch ihre äußere Wahrnehmung zu beeinflussen. Die Notwendigkeit der Verbindung aller Teile der Schöpfung wurde auch schon erwähnt. Diese beiden Aspekte miteinander zu verknüpfen, ist der Schlüssel zur Korrektur.

Die Weisheit der Kabbala lässt sich ganz leicht auf einen Punkt bringen: Es gibt ein unendliches Verlangen zu geben und ein unendliches Verlangen zu empfangen. Da das Verlangen zu empfangen unendlich groß ist, will es den eigenen Schöpfer empfangen. Die ganze „Geschichte" der Schöpfung ist eigentlich nur die Erklärung dieses Zusammenhangs. Solange wir uns als getrennt wahrnehmen, müssen wir lernen, unser aller Verlangen zu vereinigen. Haben wir uns aber korrigiert, werden wir wahrnehmen, dass wir alle Teil der Schöpfung sind, und somit ist die eigene Korrektur und die Korrektur der Gesellschaft ein und dasselbe. Also betrachten wir im Folgenden die einzelnen Teile der Korrektur gesondert, um sie besser umsetzen zu können.

Eine Welt ohne Schöpfer

Ihre Handlungen beeinflussen das Ganze und umgekehrt, wie eine Geschichte von Rabbi Shimon Bar-Yochai zeigt. Zwei Menschen sitzen in einem Boot, als der eine plötzlich anfängt, ein Loch in das Boot zu bohren. Sein Freund fragt ihn: „Warum bohrst du ein Loch in das Boot?" Der andere antwortet: „Was geht dich das an, ich bohre hier bei mir, wo ich sitze, und nicht bei dir."

Da alle Menschen miteinander verbunden sind, fügt der verantwortungslose Egoist durch seine Handlungen allen Menschen Leid zu. Durch die Kabbala können wir den verantwortungslosen Egoisten in uns erkennen und diesen in einen verantwortungsvollen, altruistischen Erwachsenen transformieren.

In Kapitel 3 wurde erklärt, dass der Schöpfer eine Seele erschaffen hat, Adam haRishon. In Kapitel 8 haben wir gelernt, dass Adam gefallen ist und seine Seele in 600.000 Einzelteile zerbrach. Seit dieser Zeit versuchen wir, die einzelnen Seelenteile wieder zusammenzufügen. Damit Adam dem Schöpfer aber gleich kommt, muss er erst etwas tun, um dem Schöpfer gleich zu sein. Er muss geben.

Adam (also ich und Sie) ist verbunden. Wenn Adam gibt, weil ihn der Schöpfer dazu nötigt, ist das kein eigentliches Geben, da der Schöpfer ihn ja zwingt. Der Schöpfer muss im Verborgenen bleiben, damit Adam die höchste Form des Gebens, nämlich das selbstlose Geben erreichen kann.

Daher müssen wir uns so fühlen, als lebten wir in einer Welt ohne Schöpfer, in einer Welt ohne Kontrolle von Oben. Wir müssen das Gefühl haben, dass wir alle Entscheidungen selber treffen und alle Schlussfolgerungen selber ziehen. Auch die Schlussfolgerung, dass letztendlich die Handlung des Gebens die wertvollste Handlung überhaupt ist. Der Schöpfer ist uns verborgen, gleichzeitig stehen wir aber mit anderen Menschen in Verbindung. Da der Schöpfer (die Handlung des Gebens) uns verborgen ist, sind wir egoistisch, hassen unsere Mitmenschen und werden von ihnen gehasst. Gleichzeitig sind wir aber von unseren Mitmenschen abhängig und umgekehrt. Die Globalisierung ist das beste Beispiel, dies zu verdeutlichen.

Spirituelle Funken

Wenn der Mensch sich wandelt und andere liebt, befindet er sich auf Grund des Gesetzes der Gleichheit der Form in direkter Anheftung an den Schöpfer. Und dadurch entkommt der Mensch seiner engen Welt, die voll der Schmerzen und des Leides ist, und er erlangt eine ewige Welt, in der er dem Schöpfer und den Menschen gibt.

Baal HaSulam, Das Wesen der Religion und ihr Zweck

Wie können wir uns also mit der Gesellschaft versöhnen, wenn wir auf der einen Seite andere Menschen brauchen, diese Menschen aber hassen und ausnutzen?

Der Schöpfer hat uns zwischen zwei Kräfte gestellt und wir können entscheiden, welcher Kraft wir uns hingeben, der Kraft des Gebens oder der Kraft des „Haben-und-Sein-Wollens".

Wählen wir den selbstlosen Weg des Gebens, nähern wir uns dem Schöpfer. Auf diesem Weg offenbart sich uns der Schöpfer. Er ist nicht mehr verborgen, da wir uns Ihm angeglichen haben.

Erlösung durch die Verbindung von Egoisten

Dies erklärt übrigens, warum Adam fallen musste. Zuerst musste ein einziges Geschöpf geschaffen werden, welches dann in einzelne egoistische, voneinander getrennte Individuen zerfallen würde. Nur so konnten wir erkennen, dass wir gegensätzlich zum Schöpfer sind.

Es gibt sehr viele von uns. Die eine Seele Adams teilte sich in eine Vielzahl von Seelen (oder Körpern), damit jede einzelne Seele die freie Wahl hat zu entscheiden, ob sie sich dem Schöpfer angleichen will.

Die ursprüngliche Seele, die der Schöpfer erschaffen hatte, war sehr rein, mit einem geringen Verlangen. Aber um all die Genüsse empfangen zu können, die der Schöpfer zu geben hat, muss ein Mensch ein großes, sogar übertriebenes Verlangen zu empfangen haben. Die ursprüngliche Seele hatte dieses Verlangen, aber nur unbewusst. Dieses Verlangen musste erst bewusst gemacht werden, um es dann zu spüren.

Außerdem musste dieses Geschöpf spüren, dass das Verlangen egoistisch war. Der Zerfall in viele Einzelteile war notwendig.

Es ist unmöglich, ein starkes Verlangen zu empfangen und zu korrigieren, wenn es nur ein Geschöpf gibt. Der Schöpfer hat Adam aufgespalten, damit jede Seele nur einen kleinen Teil des Egoismus korrigieren muss. Außerdem wurde Adam geteilt, damit er mit anderen Geschöpfen arbeiten konnte. Wir müssen uns alle mit anderen egoistischen Menschen verbinden, um uns dem Schöpfer zu nähern.

Schlussendlich können wir durch unser lasterhaftes Leben erst erkennen, wie unbedeutend, begrenzt und hoffnungslos unser egoistisches Verhalten ist. Nur dadurch können wir das Verlangen, uns zu verbinden, entwickeln, damit wir unser Verhalten in ein altruistisches verwandeln können.

Was machen Sie jetzt, wo Sie die kabbalistische Erklärung der Geschichte Adams kennen? Sie werden von Ihren Mitmenschen so behandelt, wie Sie sie behandeln, da Ihre Mitmenschen Ihre Einstellung zu Ihrer Umwelt widerspiegeln. Da wir versuchen, unsere Mitmenschen auszunutzen, meinen wir, unsere

Mitmenschen würden uns ausnutzen. Unsere Wahrnehmung der Realität ist negativ, also erscheint uns die Realität als etwas Negatives. Somit nehmen wir unsere Umwelt als etwas Bedrohliches und Unsicheres wahr.

Der einzige Weg, um Sicherheit und Vertrauen zu erlangen, ist, gemeinsam den Weg der Korrektur des egoistischen Verlangens zu gehen. Deswegen stellen wir fest, dass wir einander brauchen, um überhaupt existieren zu können. Darüber hinaus müssen wir uns gegenseitig gut behandeln, um nicht zerstört zu werden.

Wenn wir feststellen, dass wir uns gegenseitig gut behandeln und unsere Mitmenschen lieben müssen, dann werden wir die nötige Kraft dafür von Oben erbitten. Diese Kraft wird vom Schöpfer kommen, vom Höheren Licht, und wird zu unserer Korrektur führen. Das ist der innewohnende Optimismus der Kabbala.

Praktische Umsetzung

Die kabbalistische Aussage, dass wir alle eine miteinander verbundene Seele sind, ist keine philosophische Aussage. Hiermit wird uns die Verantwortung für unsere Korrektur übergeben. Es gibt keine Korrektur der Welt oder unserer selbst, auf keinem Niveau, ohne die aktive Teilnahme unseres Verstandes, unseres Herzens und unserer Handlungen.

Eine Seelenkette

Wir sind alle wie die Zellen eines Organismus miteinander verbunden. Wenn die anderen Seelen an Sie denken, leben Sie, wenn nicht, sterben Sie. Dies gilt auf physischer sowie auf spiritueller Ebene.

Heutzutage gelten wir als spirituell tot. Die heutigen Seelen werden als „belebte Seelen" bezeichnet. Die belebte Seele bezieht sich auf unser Leben in dieser Welt, auf ein Leben getrennt vom Schöpfer. Alles, was wir in dieser Welt erfahren und wahrnehmen, wird als Teil der belebten Seele bezeichnet, so lange wir nicht den Schirm erlangen und das erste spirituelle Kli entwickeln. So lange wir auf dieser Welt existieren, existiert die belebte Seele und wenn wir sterben, verschwindet sie. Aber diese Seelen sind weit entfernt von den Seelen, über die die Kabbalisten im Sohar und anderen Büchern erzählen. Um so eine Seele zu erlangen, müssen wir uns erst einmal dazu entscheiden, eine solche Seele haben zu wollen, das ewige Leben anzustreben und dem Schöpfer gleich sein zu wollen.

Rav Yehuda Ashlag schreibt, dass alle Menschen, die jemals lebten, eine lange Seelenkette bilden. Um diese menschliche Einheit wahrnehmen zu können, muss man eine ewige Seele haben, die verbunden ist mit der Ewigkeit, dem Schöpfer. Von dieser Seele sprechen die Kabbalisten.

Jetzt wird verständlich, warum Ihre persönliche Korrektur mit der Korrektur der anderen Seelen verbunden ist. Alle Seelen sind miteinander verbunden.

Aber die Wahl liegt bei uns. Wir müssen uns entscheiden, ob wir unsere Seelen wollen, und wir müssen selbst daran arbeiten, gemeinsam mit den anderen Seelen.

In der Sprache der Kabbala heißt es, dass alle Seelen in einem einzigen Körper verbunden sind. Damit eine Seele alle Seelen mit dem Nötigen versorgen kann, müssen sich die Seelen verstehen und lernen, dass sie alle in die Verlangen der anderen integriert sind. Mit anderen Worten: Das Verlangen aller anderen Seelen muss in deine Seele eingebunden sein, damit du das Verlangen der anderen Seelen stillen kannst. So wie die Zelle eines Körpers fühlt, was der gesamte Organismus benötigt.

Praktisch gesagt, müssen Sie spüren, was Ihre Mitmenschen (spirituell!) brauchen, damit Sie es ihnen geben können. So entsteht ein vollständiger Organismus. Man nimmt das Verlangen der anderen in sich auf, da man Liebe für sie empfindet, und man will, was die anderen brauchen.

Wenn Sie auf diese Art mit anderen arbeiten, fühlen Sie, wie sehr Sie sich selbst entwickeln. Dann können Sie ihren Mitmenschen geben, was sie für ihren spirituellen Fortschritt benötigen, und gemeinsam entwickeln sich alle zu einem großen, verbundenen Geschöpf, welches dem Schöpfer gegenübersteht.

Tipps und Tricks

In der Kabbala besteht ein Unterschied zwischen dem, was ein Mensch will, und dem, was er braucht. Was er will, ist das, was sein Ego will. Was er braucht, ist das Verlangen nach Spiritualität, weil dies das Verlangen zu geben ist, das einzige Verlangen, das ewig erfüllt werden kann. Durch das Verlangen nach Spiritualität werden Sie ewige Zufriedenheit erfahren, da Sie Verlangen und Erfüllung gleichzeitig wahrnehmen können.

Mit Seinen Augen

Wenn Sie anderen das geben, was sie brauchen, dann gleichen Sie dem Schöpfer. Wenn Sie einer anderen Person das geben, was sie braucht, dann ist es so, als pflanzten Sie einen Teil von sich in sie. Wenn die Person nun empfängt, begreift sie, dass „anderen zu geben" eine wertvolle und vor allem befriedigende Sache ist. Mit der Zeit spürt der Gebende, dass gar nicht das Geben an andere eine freudvolle Sache ist, sondern das Geben selbst – der Zustand eines Gebenden.

Bei genauer Betrachtung werden Sie feststellen, dass nichts, auch nicht in der physischen Welt, ohne Geben entstehen konnte. Wie könnte ein Lebewesen ohne das Geben der Eltern geboren werden? Ein Kind wird geboren, weil seine Eltern es lieben, weil sie dem Kind schon geben wollen, bevor es überhaupt auf der Welt ist.

Damit wird klar, dass diese Welt nur existiert, weil der Schöpfer sie liebt. Wenn wir diese Welt lieben wollen, dann müssen wir lernen, die Welt mit Seinen Augen zu betrachten, nicht mit unserem selbstbezogenen Ego. Wenn Sie anderen Menschen das geben, was sie benötigen (und es sind nicht materielle Dinge gemeint), dann werden Sie anfangen, die Welt mit den Augen des Schöpfers zu sehen, und sich somit langsam dem Schöpfungsziel nähern: der Absicht des Schöpfers.

Wenn Sie nur um des Gebens Willen geben und nicht, weil Sie sich durch das Geben einen Vorteil versprechen, dann sagt man: Ihre Handlungen geschehen aus freiem Willen. Sie geben nur um des Gebens Willen.

Natürlich bleibt keine Tat unbelohnt, da der Schöpfer uns füllen will. Aber die Belohnung für das Gebenwollen scheint vom Geben selbst getrennt zu sein. Die Belohnung ist die Offenbarung des Schöpfers. Mit anderen Worten: Die Belohnung besteht darin, dass man sich wie der Schöpfer verhält, in der Enthüllung des Schöpfers. Dadurch erreicht man die letzte Korrektur, das Schöpfungsziel.

Der Schlüssel zu diesem ganzen Ablauf liegt in der Veränderung der Gedanken und der Wahrnehmung. Das Einzige, was Sie in dieser Welt verändern müssen, ist Ihre eigene Einstellung zu den anderen Seelen der anderen Menschen. Deshalb reicht die Aussage „Liebe deinen Nächsten wie dich selbst" aus, um die ganze Welt zu korrigieren. Nur so kann die Welt verändert werden.

Tipps und Tricks

Liebe deinen Freund oder Nächsten wie dich selbst, wie von dem großen Kabbalisten Rabbi Akiva gepredigt, ist eine Maxime, die man in fast allen Religionen findet. Aber diese Maxime kann sehr gefährlich werden, wenn man das Ziel – sich dem Schöpfer anzugleichen – außer Acht lässt. Baal HaSulam schreibt, dass genau das beim russischen Kommunismus der Fall war. Er war zum Scheitern verurteilt, da hier zwar Altruismus angestrebt wurde, aber ohne das grundlegende Ziel: den Schöpfer zu erreichen, indem man Gleichheit der Form mit Ihm erreicht.

Mein Egoismus ist mein Fluch

Im vorherigen Kapitel haben wir gelernt, dass der Egoismus der Motor der Veränderung ist. Je größer Ihr Verlangen, desto größer Ihre Entwicklung, denn wenn Sie mehr wollen, bekommen Sie auch mehr. Sie werden mehr erreichen, denn Ihr Wille zu empfangen treibt Sie an und gibt Ihnen die Kraft, das zu erreichen, was Sie wollen.

Da Verlangen von Haus aus egoistisch sind, ist ihnen grundsätzlich das Böse inhärent. Letztendlich ist dies auch für Sie schlecht. Wenn Sie nur an Ihre eigenen Bedürfnisse denken, entfernen Sie sich von anderen und können sich nicht selbst erfüllen. Selbsterfüllung hängt immer mit anderen Menschen zusammen.

Bin ich also ein Egoist, kann ich mich mit anderen Menschen nicht verbinden, und wenn ich mich mit anderen Menschen nicht verbinden kann, werde ich auch keine Erfüllung erfahren. Somit ist mein Egoismus zu meinem Fluch geworden. Ich werde leiden. Mein riesiges Verlangen zu empfangen lässt mich ununterbrochen nach Erfüllung jagen, und trotzdem bleibe ich stets leer zurück.

Dieser Zustand führt zu einer spirituellen Krise. Sie merken, dass Sie so nicht weiterleben wollen und dass Sie Ihr Leben ändern müssen. Ihr Herz wird sich öffnen und alles Böse in Ihnen kann sich in Gutes verwandeln.

Erwachsen sein

Es entsteht der Eindruck, man hätte durch dieses große Verlangen die Möglichkeit der Wahl. Aber eigentlich haben wir keine Wahl. Wir sind so abhängig von anderen, das wir uns mit ihnen abgeben und uns um sie kümmern müssen, auch wenn wir sie nicht lieben.

Um zu überleben und uns zu korrigieren, müssen wir uns daher an die wenden, die wir hassen. Wenn wir das nicht tun, werden wir leiden. Was sollen wir also tun? Wir müssen erwachsen werden. Denn wenn wir uns miteinander verbunden haben, dann sind wir auch füreinander verantwortlich. So wie Erwachsene für ihre Umwelt Verantwortung übernehmen – für ihre Kinder, ihre Kollegen, ihre Freunde, ihre Städte, Dörfer und Länder, für alles und jeden. So will es der Schöpfer. So ist sein Plan.

Praktische Umsetzung

Gibt es eine größere Freude als die Freude von Eltern, deren Kinder sich zu reifen und erfolgreichen Erwachsenen entwickeln? Gleichermaßen hat der Schöpfer uns mit der Absicht erschaffen, dass wir so werden wie Er. Das Ziel in unserem Leben besteht also darin, die Eigenschaft des Gebens zu erlangen, die Gedanken des Schöpfers zu kennen und Ihm gleich zu werden.

Die zwei Wege nach oben

Der Plan des Schöpfers besagt, dass das ganze Universum den Zustand der Korrektur erreichen muss und die Zeit dafür begrenzt ist. Im Sohar steht geschrieben, dass die Korrektur am Ende des 20. Jahrhunderts beginnen muss. Zu jenem Zeitpunkt wird die Menschheit durch zunehmendes Leid zur Korrektur gedrängt. Schauen Sie sich einfach die Nachrichten im Fernsehen an.

Kennen Sie den Sinn der Schöpfung und den Weg der Korrektur, dann können Sie das Ziel bewusst verfolgen. Dies ist der Schlüssel, denn das Leid wird Sie sonst einholen. Anstatt den Weg des Leidens zu gehen, können wir schon auf dem Weg der Korrektur Erfüllung und Inspiration erfahren.

In Kapitel 7 wurde schon erwähnt, dass die Kabbala einen bestimmten Zeitrahmen für die letzte Korrektur vorsieht. Der Weg der persönlichen Korrektur mag eine Zeit lang dauern, aber früher oder später wird er vollendet sein. Dazu kommt, dass jede Seele diesen Prozess durchlaufen muss.

All die Erfahrungen Ihres Lebens sind in Ihrem Verlangen gespeichert und das Verlangen ist ewig. Es wird von Generation zu Generation und von Inkarnation zu Inkarnation weitergegeben.

Wie in Kapitel 11 beschrieben, wird Ihr Verlangen bei Ihrer Wiedergeburt all das enthalten, was Sie auf dem Weg zum Schöpfer schon erlebt haben.

Hier kommen die Reshimot ins Spiel. All die Handlungen Ihres egoistischen Verlangens werden in eine „Schachtel" gepackt, bis Sie schließlich die Erkenntnis des Bösen erlangen. Sie werden so lange wiedergeboren werden, bis die Schachtel voll ist und Sie all das Böse in sich korrigiert haben.

Bei Ihrer nächsten Geburt wird die Schachtel all das enthalten, was in diesem Leben dazugekommen ist. Ihre kleinen Schritte summieren sich und führen schließlich zum Ziel, der spirituellen Erhebung. Dieser Weg kann aufregend und vergnüglich oder leid- und schmerzvoll sein. Sie haben die Wahl und der letzte Teil des Kapitels wird dies erklären.

Nehmen Sie den kurzen Weg, er ist schnell und einfach

Sie können zu der Erkenntnis kommen, dass Egoismus die Wurzel alles Bösen ist, indem sie den langen Weg des Leidens oder den kurzen, vergnüglichen Weg der Korrektur gehen. Darüber hinaus ist der Weg des Leidens gar kein Weg, sondern vielmehr die Zeitstrecke, die Sie zurücklegen, bis Sie erkennen, dass Sie den kurzen Weg gehen müssen.

Sobald Sie genug Leid erfahren haben, werden Sie erkennen, dass der Weg der Korrektur dem Weg des Leidens vorzuziehen ist und Sie werden Ihren Weg ändern.

Beide Wege sind gleich, aber auf dem kurzen Weg gibt es kein Leid, nur ständigen Fortschritt.

Die Weisheit der Kabbala ist eine Wegbeschreibung für den kurzen Weg. Sie erklärt alle Etappen und hilft Ihnen durch sanfte Ermutigung, die Stolpersteine spielend zu überwinden.

Sie können sich das Wissen über den Aufbau dieser Welt, ihrer Ursächlichkeit und ihrer Zweckbestimmung aneignen, bevor Sie mit dem Leid konfrontiert werden. Durch dieses Wissen kommen Sie schneller zu der Erkenntnis, dass Egoismus schlecht ist, und müssen das Böse in ihm nicht erst durch drohende Katastrophen erkennen.

Obwohl wir die Freiheit der Wahl zu haben scheinen, sind wir doch Sklaven unserer Gene und unseres sozialen Umfeldes. All unsere Wertvorstellung werden durch diese Einflüsse geprägt und machen uns glauben, es wäre wichtig, mächtig und erfolgreich zu sein.

Unser ganzes Leben lang arbeiten wir hart für gesellschaftliche Anerkennung. Letztendlich leben wir nur dafür, von unseren Kindern, Verwandten, Bekannten und der ganzen Gesellschaft anerkannt zu werden.

Offensichtlich müssen sich erst die gesellschaftlichen Werte ändern, um die Krise zu bewältigen. Dies ist Thema des nächsten Kapitels.

Zusammenfassung

- Wir sitzen alle im gleichen Boot. In diesem Boot (unsere Welt) können wir den Schöpfer nicht spüren.

- Wir werden nur überleben, wenn wir Egoisten uns verbinden.

- Der Schöpfer schuf die Welt aus Liebe. Sich dem Schöpfer anzugleichen bedeutet, die Welt mit seinen Augen zu betrachten und sie so zu lieben wie Er.

- Es gibt zwei Wege der Spiritualität, den schnellen, angenehmen Weg der Kabbala oder den langsamen, leidvollen Weg ohne Kabbala.

▣ 17. Und nun alle gemeinsam

Essenz

- Wie eine kleine Korrektur riesige Auswirkungen haben kann
- Die Macht gesellschaftlicher Werte
- Wo ist der zerstörte Turm von Babel?
- Der Nutzen des wahren Altruismus

Die Kabbala enthält persönliche und soziale Aspekte. Im letzten Kapitel haben wir gelernt, dass wir alle Teil einer großen, kollektiven Seele sind. In diesem Kapitel erfahren wir, wie man durch die persönliche Korrektur, welche im letzten Kapitel dargestellt wurde, auf die Korrektur der Gesellschaft einwirken kann. Die persönliche Korrektur ist, wie in Kapitel 16 beschrieben, erst dann vollendet, wenn sie in wechselseitiger Verbindung mit der ganzen Gesellschaft geschieht.

Der Höhepunkt der Schöpfung

In Kapitel 15 wurde erklärt, dass alles Leid auf dieser Welt durch unsere Gegensätzlichkeit zur Natur entsteht. Alle anderen Bestandteile der Natur – ob vegetativ oder belebt – leben instinktiv und definitiv nach den Gesetzen der Natur. Nur der Mensch mit seinem Verhalten ist der Natur entgegengesetzt.

Da der Mensch am Höhepunkt der Schöpfung steht, ist der Rest der Natur von ihm abhängig. Durch unsere Korrektur wird das gesamte Universum auf die ursprüngliche und perfekte Stufe, die absolute Verbundenheit mit dem Schöpfer, emporsteigen.

Der Dominoeffekt

Wie schon erwähnt, behandelt uns der Schöpfer wie ein einziges, verbundenes Wesen. Wir haben versucht, unsere Ziele auf egoistische Art und Weise zu erreichen, stellen aber jetzt fest, dass unsere Probleme nur zusammen und altruistisch gelöst werden können.

Je mehr wir uns unseres Egoismus bewusst werden, desto mehr werden wir die Kabbala als Weg verfolgen wollen, der uns zum Altruismus führt.

Während der letzten 5.000 Jahre der menschlichen Entwicklung haben wir verschiedene Methoden gewählt, haben sie ausgekostet und sind dann zu anderen übergegangen. Auf diesem Weg sind wir zwar reicher, aber nicht unbedingt glücklicher geworden.

Jetzt, da die Kabbala enthüllt wurde, brauchen wir nicht mehr auf dem Pfad der Desillusionierung zu wandern. Wir sind in der Lage, durch die Kabbala ganz einfach unseren schlimmsten Egoismus zu korrigieren, und alle anderen Korrekturen werden wie bei einem Dominoeffekt folgen. Während der Korrektur können wir Erfüllung, Inspiration und Freude empfinden.

Im Sohar steht, dass die Menschheit am Ende des 20. Jahrhunderts die höchste Stufe des Egoismus und gleichzeitig die niedrigste spirituelle Stufe erreicht hat. Zu diesem Zeitpunkt muss die Menschheit einen neuen Weg beschreiten, um zu überleben. Darum offenbart sich in dieser Zeit die Kabbala der Menschheit.

Nicht alle Menschen korrigieren sich gleichzeitig, sondern jeder einzelne Mensch muss für sich an den Punkt kommen, da er einsieht, dass er sich korrigieren muss, so wie im letzten Kapitel erklärt.

Die Korrektur beginnt mit der Erkenntnis des Menschen, dass sein Egoismus die Quelle allen Übels ist. Wenn sich die Wertvorstellungen der Gesellschaft wandeln, ändern sich jene des Individuums mit ihnen.

Das Individuum und sein soziales Umfeld, also die gesamte Menschheit, werden durch ein kollektives Gefühl der Verantwortung zusammengehalten. Mit anderen Worten: Die Menschheit wollte ihre Probleme mit Hilfe des Egoismus lösen – also individuell. Zwischenzeitlich musste sie aber erkennen, dass die Probleme nur kollektiv und somit altruistisch gelöst werden können.

In diesem Sinn reflektieren wir noch einmal die Worte von Baal HaSulam, der im Artikel Die Freiheit, der in Kapitel 3 vorgestellt wurde, die vier Faktoren, die uns ausmachen, beschreibt. Der erste Faktor sind die geerbten Merkmale, an denen wir nichts ändern können, da wir sie von unseren Vorfahren bekommen haben. Der zweite Faktor zeigt, wie sich diese geerbten Merkmale entwickeln.

Auch hier haben wir keinen Einfluss, da die Entwicklung vom Ursprung abhängt. Der dritte Faktor ist die Umgebung, die wir auch nicht verändern können.

Der vierte Faktor aber ist die Möglichkeit, unsere Umgebung frei zu wählen bzw. Einfluss auf unsere Umgebung zu nehmen und diese zu verändern. Der vierte Faktor beeinflusst den dritten, der wiederum den zweiten und dieser den ersten. Indem wir die richtige Umgebung für unser spirituelles Wachstum erschaffen, kreieren wir eine Gesellschaft, die nicht nur uns, sondern allen anderen Menschen einen spirituellen Weg ebnet. Wie können wir nun diese Theorie in die Praxis umsetzen?

Einigen wir uns auf das Geben

Wenn alle der Meinung sind, dass Geben gut ist, dann werde auch ich aus meinem eigenen egoistischen Antrieb heraus Geben als gut ansehen, weil altruistisches Verhalten für alle von Vorteil ist.

Altruismus ist ein wichtiger Teil der Bildung. In Schulen wird altruistisches Verhalten geleert. Wir lernen ehrlich, fleißig und respektvoll gegenüber anderen zu sein, mit anderen zu teilen, freundlich zu sein und unsere Nächsten zu lieben. Denn die ganze Gesellschaft profitiert vom Altruismus.

Spirituelle Funken

Jeder weiß, dass die Anerkennung der Mitmenschen den größten vorstellbaren Genuss bringt; und dieser ist jede Anstrengung wert.

Rav Yehuda Ashlag

Außerdem zeigen uns die biologischen Gesetzmäßigkeiten aller lebenden Organismen, dass ein Organismus nur dann leben kann, wenn all seine Einzelteile zusammenarbeiten, wie in Kapitel 15 und 16 erläutert.

Genauso wird der Nutzen altruistischen Verhaltens auch in einer egoistisch geprägten Gesellschaft wahrgenommen. Altruismus wird nicht abgelehnt. Im Gegenteil, jede öffentliche Person oder Organisation preist sich mit altruistischen Taten. Niemand prangert altruistische Ideale öffentlich an.

Die Kraft, die in gesellschaftlicher Anerkennung steckt

Das Mittel zur Veränderung liegt im Wandel unserer Prioritäten und Wertvorstellungen. Wir müssen davon überzeugt sein, dass es viel wichtiger und erfüllender ist, der Gesellschaft zu geben als etwas von ihr zu nehmen.

Nur durch die öffentliche Meinung kann dieses Ziel erreicht werden, denn für alle Menschen ist gesellschaftliche Anerkennung ein wichtiges Lebensziel.

Diese Eigenschaft steckt so tief in uns Menschen drin, dass wir sie nicht wahrnehmen und oft leugnen. Wir behaupten dann, dass uns Neugier oder Geld antreibt, geben aber den eigentlich Antrieb, nämlich den Wunsch nach gesellschaftlicher Anerkennung, nicht zu.

Wir sind so strukturiert, dass unsere Umgebung all unsere Vorlieben und Wertvorstellungen beeinflusst. Wir sind ganz und gar von der Meinung anderer abhängig. Deswegen kann die Gesellschaft ihre Mitglieder in Verhalten und Wertvorstellungen manipulieren, egal wie absurd sie sind.

Verurteile Egoismus und lobe Altruismus

Um den gesellschaftlichen Auftrag zu modifizieren, muss das Bildungssystem, beginnend bei den ganz Kleinen bis hin zu den Erwachsenen umstrukturiert werden. Die Medien müssten alle Ereignisse nach ihrem gesellschaftlichen Nutzen bewerten, um somit eine Gesellschaft, die Altruismus wertschätzt, zu fördern. Durch die Massenmedien, Werbung, Bildung etc. sollte eine neue öffentliche Meinung geschaffen werden, die Egoismus verurteilt und Altruismus lobt.

Durch diesen gesellschaftlichen Einfluss und das natürliche Streben des Menschen nach Anerkennung wird jeder nur so viel von der Gesellschaft verlangen, wie er für das eigene Überleben benötigt, und so viel wie möglich zurückgeben. So werden sich die Menschen erst einmal durch den äußeren Druck für das gesellschaftliche Wohl einsetzen. Dadurch, dass die Menschen dieses Verhalten als sehr befriedigend empfinden werden, wird sich der Akt des Gebens auch ohne ständige Anerkennung der Gesellschaft zu dem größten erstrebenswerten Ziel entwickeln.

Nicht nur gesellschaftliche Institutionen müssen sich verändern, sondern auch die vorherrschende und einflussreichste gesellschaftliche Institution: die Familie.

Wenn meine Kinder mich nach gesellschaftlichen Werten beurteilen und somit nach meinem altruistischen Verhalten, dann werde ich mein Verhalten ändern. Wenn meine Familie, meine Kollegen und meine Mitmenschen mich danach beurteilen, wie viel ich der Gesellschaft gebe, dann bleibt mir gar keine Wahl. Ich muss meinen Beitrag leisten und werde mehr geben als nehmen.

Tipps und Tricks
Hier müssen wir sehr vorsichtig sein. In der Vergangenheit hat die Verän-
derung gesellschaftlicher Werte durch Familie und Umfeld verheerende Aus-
maße angenommen, wie das nationalsozialistische Regime oder Stalins
Kommunismus zeigen. Im Gegensatz dazu will die Kabbala lediglich darauf
aufmerksam machen, dass Geben nützlich ist und Vergnügen bereitet. Und
je mehr Menschen dies erkennen und sich daran halten, umso eher wird
sich auch mein eigenes Verhalten ändern – auch wenn ich anfangs nur die
anderen Menschen davon in Kenntnis gesetzt habe, ohne selbst daran zu
glauben.

All diese Anstrengungen werden das menschliche Bewusstsein auf eine neue
Ebene heben.

„Rabbi Ashlag war von dieser weit reichenden, gesellschaftlichen Vision überzeugt, da sie aus seinem Verständnis der kabbalistischen Tradition hervorgeht",
schreibt Micha Odenheimer in Latter-Day Luminary: „Er begriff die Menschheit
als eine Einheit, die physisch und spirituell miteinander verflochten ist. Er war
der Meinung, dass nur dann, wenn ein Wirtschaftssystem dies mit einbeziehen
würde, dieses System die Menschheit befreien und eine Ära kollektiver Erleuchtung beginnen könne."

Odenheimer schreibt, dass die Kabbala in einer Gesellschaft, die auf Liebe
und wirtschaftlicher Gerechtigkeit basiert, ein Mittel zur Entwicklung des Be-
wusstseins des Einzelnen und zur Heilung der Gesellschaft biete. Rabbi Ashlags
Beitrag sei „ein Entwurf sozialer Gerechtigkeit, der auf der spirituellen Wissenschaft der Kabbala aufbaut."

Den Turm zu Babel verstehen

Im Altertum war der Egoismus der Menschen nicht so groß, dass sie sich gegen
die Gesetze der Natur gestellt hätten. Sie hatten gleichsam ein Gespür für die
Natur und die Mitmenschen. Und so kommunizierten sie ohne Worte, ähnlich
der Telepathie auf spiritueller Ebene.

Durch den wachsenden Egoismus trennten sich die Menschen von der Natur.
Anstatt dass sie diese Trennung korrigierten, glaubten sie, durch Egoismus und
nicht durch die Korrektur zum Schöpfer gelangen zu können.

Somit spürten sie die Natur und auch die Mitmenschen nicht mehr; sie hörten
auf, sich zu lieben, und begannen, sich zu hassen. Dadurch wurden sie von einander getrennt und spalteten sich in viele Nationen.

Die erste Stufe der egoistischen Entwicklung nennen wir allegorisch den „Bau des Turms zu Babel": Menschen wollten auf egoistische Art und Weise den Schöpfer erreichen; bildlich gesehen, wollten sie den Turm bis in den Himmel bauen.

Die Menschheit schaffte es nicht, sich mit den vorherrschenden Kräften zu verbinden, da hierfür eine Zügelung des Egoismus nötig gewesen wäre.

Durch ihren gesteigerten Egoismus nahmen die Menschen ihre gemeinsame spirituelle Verbindung nicht mehr wahr – die telepathische Verbindung war unterbrochen. Da sie sich aber noch an die Verbindung zum Schöpfer erinnerten, wollten sie Ihn nun auch ausbeuten. Dies wird durch den Bau des Turmes bis in den Himmel versinnbildlicht. Durch ihren Egoismus konnten sie sich nicht mehr gegenseitig verstehen, was Ausdruck in der „Babylonischen Sprachverwirrung" findet; sie entfremdeten sich von der Natur und dem Schöpfer und wurden voneinander getrennt.

Es mag sein, dass wir uns durch technischen Fortschritt einen Ausgleich geschaffen haben. Aber dadurch haben wir uns nur noch weiter von der Natur (dem Schöpfer) und von uns selbst entfernt. Und jetzt ist die Menschheit, die nur die soziale oder technische Entwicklung zum Ziel hatte, zunehmend desillusioniert.

Wir erkennen, dass das egoistische Verlangen nicht auf natürliche Art gestillt werden kann. Die Erfüllung eines Verlangens löscht dasselbe sofort aus. Somit kann das Verlangen nicht mehr verspürt werden, so wie Nahrungsaufnahme den Hunger stillt und dazu führt, dass das Vergnügen am Essen abnimmt.

Angesichts der heutigen Krise sehen wir, dass die Konfrontation des Egoismus mit dem Schöpfer in der Zerstörung des Turms zu Babel endet.

Ursprünglich wurde der Turm von Babel durch die Höhere Kraft zerstört. Heute zerstören wir ihn in vollem Bewusstsein. Wir stehen davor und sind uns jetzt unserer Situation bewusst. Die Weisheit der Kabbala besagt, dass die globale Krise der Anfang der Wiederverbindung der Menschheit sein wird.

Die Zeit ist gekommen, dass sich alle Menschen zu einer vereinigten Menschheit zusammentun. Spirituelle Erfüllung zeigt den Weg und die vielleicht unverhoffte Wahrheit auf.

Die erweiterte Sichtweise

Wie viel ist eins plus eins? Die Antwort laute Ejn Sof (unendlich). Wir sind alle miteinander verbunden und deshalb stellen zwei miteinander arbeitende Menschen bereits eine Gesellschaft dar. Die Beziehung zwischen ihnen stellt ein Abbild unserer Beziehung zum Schöpfer dar. Die Belohnung ist riesig.

Zum Altruismus kommt noch ein spezieller Bonus. Es mag vorerst erscheinen, als bestünde der einzige Wandel darin, dass wir die Bedürfnisse der anderen vor unsere stellen, doch das ist nicht alles. Wenn wir anfangen, an andere zu denken, dann werden wir ein Teil von ihnen und sie von uns.

Eigentlich befindet sich jeder von uns in Ejn Sof, aber was passiert, wenn die Gesellschaft, in der wir leben, uns in unserer Korrektur nicht unterstützt? Woran spürt man das?

Ihr Leben wird sehr viel einfacher sein, wenn Sie sich einen der Grundsätze der Kabbala in Erinnerung rufen, nämlich dass das Ganze und die Teile des Ganzen dasselbe sind. Sie werden am Ganzen (der Gesellschaft) arbeiten können und zugleich wissen, dass Sie eigentlich an sich selbst arbeiten, und somit wird Ihre Korrektur einfacher.

Betrachten Sie es mal so: Heute leben ungefähr 6,5 Milliarden Menschen auf der Welt. Stellen sie sich vor, 13 Milliarden Hände, 13 Milliarden Beine und 6,5 Milliarden Gehirne würden die Welt kontrollieren.

Verwirrend? Eigentlich nicht, denn all diese Gehirne würden wie ein einziges Gehirn funktionieren und alle Hände würden wie eine einzige Hand agieren. Die ganze Menschheit wäre wie ein Organismus – mit um den Faktor 6,5 Milliarden multiplizierten Fähigkeiten. Unser Körper besteht aus weit mehr als 6,5 Milliarden Zellen, trotzdem funktionieren alle als Einheit. Wenn also ein einzelner Körper dies kann, warum nicht die ganze Menschheit?

Jeder, der sich zu einem Altruisten entwickelt, würde nicht nur übermenschlich werden, sondern er würde das größte Geschenk überhaupt erhalten: Allwissenheit. Da Altruismus dem Schöpfer entspricht, gleichen wir dem Schöpfer, wenn wir altruistisch sind und denken und fühlen wie Er. Wir verstehen dann, warum die Dinge passieren, wann sie passieren und wie wir sie beeinflussen können. Die Kabbala bezeichnet diesen Zustand als „Gleichheit der Form" und dies zu erreichen ist der Sinn der Schöpfung.

Jenseits von Leben und Tod

Dieser Zustand der erweiterten Wahrnehmung, die Gleichheit der Form, ist der Grund, warum wir überhaupt erschaffen wurden. Wir wurden als Eins erschaffen und zerbrachen dann, damit wir uns wieder vereinigen. Während dieser Wiedervereinigung werden wir lernen, die Natur und den Schöpfungsgedanken zu verstehen.

Wenn wir uns mit der Natur verbinden, werden wir uns so vollständig und unendlich wie die Natur fühlen. In diesem Zustand werden wir das ewige Leben spüren, auch wenn unsere Körper sterben.

Leben und Sterben auf physischer Ebene werden uns nicht mehr betreffen, da unsere einstige selbstbezogene Wahrnehmung durch eine holistisch-altruistische Wahrnehmung ersetzt wird. Unser eigenes Leben wird zum Leben der gesamten Natur.

Was immer man sich an diesem Punkt jetzt denkt, es ist alles einfacher, als es scheint. Den Bezug zur Unendlichkeit haben Sie schon. Wir befinden uns schon in Ejn Sof. Wir spüren es nur noch nicht. Die Weisheit der Kabbala bietet uns einen wunderbaren Leitfaden, mit dessen Hilfe wir alle den Weg finden werden.

Zusammenfassung

- Menschen sind die Krönung der Schöpfung. Wenn die Menschheit korrigiert ist, wird alles andere folgen.
- Zuerst muss man erkennen, dass Geben gut ist.
- Der stärkste Antrieb und die Motivation unserer Handlungen ist unser Verlangen nach gesellschaftlicher Anerkennung.
- Damit sich die Gesellschaft wandelt, muss Egoismus verurteilt und Altruismus gelobt werden.
- Der Turm zu Babel wurde in unseren Köpfen zerstört, und zwar dadurch, dass wir voneinander getrennt wurden. Wenn wir dies korrigieren, werden wir nicht nur die Liebe zueinander finden, sondern uns auch dem Schöpfer angleichen und somit ewig leben.

■ Glossar

Abraham: Ein Mann, geboren in Babylon, der die Weisheit der Kabbala entdeckte, sie all jene lehrte, die interessiert waren, und die erste Kabbalagruppe begründete, die später zur Nation Israel wurde. Sefer Yezira (Buch der Schöpfung) wird ihm zugeschrieben.

Adam: Siehe Adam haRishon

Adam haRishon: Der kabbalistische Name von Adam, die ursprüngliche Seele. Die Seele von Adam zerbrach in 600.000 einzelne Seelen oder Seelenteile.

Altruismus: Arbeit an der Erfüllung des Systems der Schöpfung – ungeachtet des eigenen Wunsches.

Absicht: Die Art, wie ein Wunsch genutzt wird – für sich selbst oder für den Schöpfer.

Bina: Verständnis. In der Kabbala bezieht sie sich gewöhnlich auf die Betrachtung der Wege von Ursache und Wirkung und der Güte. Sie bedeutet auch die Qualität des Gebens, Chassadim (Gnade), welche die Qualität des Schöpfers ist.

Egoismus: Arbeit zur Selbsterfüllung ohne Bezug auf die Bedürfnisse des Systems der Schöpfung.

Freier Wille: Eine Wahl, die getroffen wird, ohne auf sich selbst gerichtet zu sein. Um eine freie Wahl zu haben, muss man sich über dem Ego befinden – in der spirituellen Welt.

Geben: Die Qualität des Gebens des Schöpfers, ohne an sich selbst zu denken. Das ist die Qualität, die die Geschöpfe (wir) benötigen, um so zu werden wie Er und Ihn zu enthüllen.

Gebet: Jeder Wunsch ist ein Gebet. Aber nur das Gebet, das den Wunsch des Menschen nach dem Schöpfer beinhaltet, wird beantwortet. Ein Gebet wird als „Arbeit im Herzen" bezeichnet.

Glaube: Die Qualität des Gebens; klare Wahrnehmung des Schöpfers.

Gleichheit der Form: Die Form (Qualität) des Schöpfers ist das Geben; die Form des Geschöpfes ist das Empfangen. Wenn man lernt, mit der Absicht zu geben zu empfangen, gleicht man sich dem Schöpfer an; beide sind nun Geber.

Gefäß – Kli: Der sechste Sinn; der Wille zu empfangen mit einem Massach (Schirm) darüber.

Gesetz der Korrektur: Zuerst werden die leichtesten Teile korrigiert und dann werden mit ihrer Hilfe die schwierigeren Teile behandelt.

Haman: Einer der Namen, die dem Willen zu empfangen gegeben wurden.

Heiligkeit: Ein erhabener Zustand, in welchem man alles dem Schöpfer zuschreibt. Man realisiert, dass es nichts außer Ihm gibt und dass man Ihm in den Eigenschaften gleicht.

Kabbala: Eine Wissenschaft, die eine detaillierte Methode anbietet und zeigt, wie man die spirituellen Welten erlebt, die außerhalb der Wahrnehmung der fünf Sinne existieren. Kabbala bedeutet im Hebräischen „Empfangen".

Kabbalisten: Menschen, die zusätzliche Sinne erworben haben, weil sie die Fähigkeit der höheren Erkenntnis („lekabel" = empfangen) erhalten haben.

Korrektur: Kabbalisten verstehen unter Korrektur die Umkehrung der Absicht, mit der wir einen Wunsch „für uns selbst" „für den Schöpfer" verwenden. Niemand wird Ihnen sagen, dass Sie korrigiert oder unkorrigiert sind. Aber wenn Sie einen Wunsch nach „Schöpferähnlichkeit" verwendet haben, wird es richtig gewesen sein.

Licht: Genuss – die Kraft des Gebens, die die gesamte Realität bewirkt und füllt.

Massach (Schirm): Die Fähigkeit, das Licht des Schöpfers abzuweisen, wenn es nicht gemäß des Gebens an Ihn ist.

Mensch (in dieser Welt): Bedeutet, dass der Wille zu empfangen in einem Zustand der Verhüllung des Schöpfers ist, ohne Absicht, von Ihm zu empfangen oder Ihm zu geben.

Mordechai: Name für den Willen zu geben

Moses: Der größte Prophet und der nächste Kabbalist nach Abraham. Er schrieb die Tora (Pentateuch) und brachte die Kabbala zu allen, die hörten. Moses ist der Punkt im Herzen in jedem von uns, der Wunsch nach Spiritualität.

Olam (Welt): Es gibt fünf Welten zwischen dem Schöpfer und der Schöpfung – Adam Kadmon, Azilut, Brija, Yezira und Assija. Das Wort „Olam" kommt vom Wort „Haalama" (Verhüllung). Der Name Olam bezeichnet ein bestimmtes Maß der Verhüllung des Lichts des Schöpfers vor der Schöpfung (uns).

Parzuf (Gesicht): Ein Parzuf ist eine komplette Struktur der Zehn Sefirot mit einem Massach, der festlegen kann, welche Sefira Licht empfängt und welche nicht.

Punkt im Herzen: Die letzte Stufe in der Evolution des menschlichen Wunsches – der Wunsch nach Spiritualität.

Rabbi Izchak Luria (der heilige ARI): Ein großer Kabbalist, der im 16. Jahrhundert in Israel lebte. Autor von Der Baum des Lebens.

Rabbi Shimon Bar-Yochai (Rashbi): Autor des Sohar (im 2. Jahrhundert), des grundlegenden Textes der Kabbala. Rashbi war Student und Nachfolger von Rabbi Akiva, des größten Kabbalisten, der „Liebe den Freund wie dich selbst" lehrte.

Rav Yehuda Aslag: Der letzte große Kabbalist (1884-1954). Bekannt als Baal HaSulam (Herr der Leiter) für seinen Sulam (Leiter) Kommentar zum Buch des Sohar.

Reshimot: Die unbewussten Erinnerungen der Seele an ihre vergangenen Zustände.

Schirm: Siehe Massach

Sefirot: Die zehn grundlegenden Qualitäten der spirituellen Welt. Ihre Namen sind Keter, Chochma, Bina, Chesed, Gwura, Tiferet, Netzah, Hod, Yesod und Malchut. Manchmal werden sie unterteilt in fünf: Keter, Chochma, Bina, Seir Anpin (welche die Sefirot Chessed, Gwura, Tiferet, Nezach, Hod und Jessod einschließen) und Malchut.

Scham: Malchuts Empfindung ihrer Gegensätzlichkeit zum Schöpfer. Wenn Malchut erkennt, dass sie nur empfängt und Er nur (ihr) gibt, ist sie so beschämt, dass sie aufhört zu empfangen, und einen Zimzum (Einschränkung) macht.

Seele: Ein Wunsch zu empfangen mit einem Schirm und der Absicht zu geben wird „eine Seele" genannt. Adam haRishon wird als die allgemeine Seele betrachtet, von welcher wir alle kommen. Adam repräsentiert den ersten Menschen, der einen Massach hat, und wir alle sind seine „spirituellen" Kinder. Siehe auch Adam haRishon.

Stufe: Siehe Spirituelle Stufe.

125 Stufen: Zwischen dem Schöpfer und dem Geschöpf gibt es fünf Welten, mit fünf Parzufim in jeder Welt und fünf Sefirot in jedem Parzuf. Wenn man die fünf Welten multipliziert mit fünf Parzufim mal fünf Sefirot, erhält man 125 Stufen. Siehe auch Spirituelle Stufe; Sefirot.

Spirituelle Stufe: Eine Fähigkeit, einen gewissen Betrag (und eine gewisse Art) von Vergnügen zu erhalten, mit der Absicht, an den Schöpfer zu geben.

Umgebendes Licht: Das Licht, das wünscht, die Schöpfung zu füllen und egoistische Wünsche in altruistische Wünsche zu transformieren.

Vier Phasen des Direkten Lichts: Die ersten fünf Stufen, Wurzeln (0-4), durch welche der Schöpfungsgedanke Malchut erschafft, der Wille zu empfangen und die Wurzel der gesamten Schöpfung.

Tetragrammaton: In Griechisch wörtlich „Vier-Buchstaben-Wort". Es kennzeichnet den heiligen Namen des Ewigen. In Hebräisch ist es „HaWaYaH" (Yud, Hej, Waw, Hej) oder die Vier Phasen des Direkten Lichts.

Zohar – Das Buch Sohar: Geschrieben ungefähr im 2. Jahrhundert von Rabbi Shimon Bar-Yochai und seiner Gruppe. Es ist das grundlegende Buch der Kabbala. Es wurde gleich, nachdem es geschrieben wurde, versteckt und erschien wieder im 13. Jahrhundert im Besitz von Rabbi Moshe de Leon. Wahrscheinlich gibt es aus diesem Grund Schüler, die Moshe de Leon für den Autor halten, obwohl Moshe de Leon selbst behauptete, dass Rabbi Shimon Bar-Yochai der Autor sei.

The Tree of life – Der Baum des Lebens: ARIs (Rabbi Izchak Lurias) grundsätzlicher Text. Dieser Text ist nach wie vor das Herz der zeitgenössischen Kabbala. Wegen der Wichtigkeit dieses Buches ist der Begriff „Baum des Lebens" ein Synonym für den Begriff der Weisheit der Kabbala geworden.

Tora: Fünf Bücher von Moses. Tora bedeutet sowohl „Licht" als auch „Anweisung". Der Text der Tora beinhaltet die Anweisungen, alles Licht des Schöpfers zu erhalten, wenn man weiß, wie er richtig zu lesen ist. Heute müssen wir die Kabbala studieren, um in der Lage zu sein, die Tora korrekt zu verstehen.

Welt: Siehe Olam

Wiedergeburt: Eine Wiedergeburt ist jene Zeit, in der man einen Schritt im spirituellen Wachstum macht. Wenn man sich korrigiert, durchlebt man viele Menschenleben in Minuten.

Wirklichkeit: Der Teil des Lichts des Schöpfers, den ein Mensch wahrnehmen kann, abhängig von seiner inneren Struktur. Deswegen ist die Wirklichkeit immer subjektiv.

Wurzel der Seele: Der Platz der Seele im System von Adam haRishon.

Yam Suf: Das Rote Meer. Das Buch Sohar nennt das Rote Meer „das Meer des Endes", es repräsentiert die letzte Grenze des Egos. Jenseits von Yam Suf beginnt die spirituelle Welt.

Zimzum (Einschränkung): Das Licht nicht zu empfangen, obwohl wir es möchten. Wenn Malchut entdeckt, dass sie gegensätzlich zum Schöpfer ist, bewirkt ihre Scham einen Stop, sein Licht zu erhalten, obwohl sie einen großen Wunsch danach hat.

Zweck der Schöpfung: Der Schöpfer hat die Schöpfung erschaffen, um dem Menschen ewige Freude zu bereiten. Der Mensch soll so werden wie Er.

■ Weitere Lektüre

Um Ihnen dabei zu helfen, zu entscheiden, welches Buch für Sie interessant sein könnte, haben wir die folgenden Bücher in fünf Kategorien unterteilt: Anfänger, Fortgeschrittene Anfänger, Fortgeschrittene, Passend für jeden und Textbücher.

Die ersten drei Kategorien hängen davon ab, wie viel Vorkenntnis man besitzt. Die Anfängerkategorie verlangt keine vorausgehende Kenntnis.

Die nächste Kategorie benötigt ein oder zwei Anfängerbücher, und das fortgeschrittene Niveau verlangt ein oder zwei Bücher von jeder der vorherigen Kategorie.

Die vierte Kategorie (Passend für Jeden) schließt Bücher ein, die man immer lesen kann, egal ob man ein kompletter Neuling oder bereits versiert in der Kabbala ist.

Die fünfte Kategorie (Textbücher) beinhaltet Übersetzungen des authentischen Quellenmaterials früherer Kabbalisten wie ARI, Rav Yehuda Ashlag (Baal HaSulam) und seinem Sohn und Nachfolger, Rav Baruch Ashlag (der Rabash).

Zusätzlich übersetztes Material, das bis jetzt noch nicht veröffentlicht wurde, kann auf www.kabbalah.info gefunden werden. Alle Materialien auf dieser Seite, einschließlich e-Versionen veröffentlichter Bücher, können kostenlos heruntergeladen werden.

Anfänger

Kabbalah for Beginners (englisch, noch nicht auf deutsch erschienen)

'Kabbalah for Beginners' ist ein Buch für all jene, die nach Antworten auf essenzielle Fragen suchen. Wir alle wollen wissen, warum wir hier sind, warum es Leid gibt und wie wir unser Leben freudvoller gestalten können. Die vier Teile dieses Buches bieten uns zuverlässige Antworten auf diese Fragen sowie übersichtliche Erklärungen der Kernaussage der Kabbala und ihrer praktischen Umsetzung. Teil 1 diskutiert die Enthüllung der Kabbala, wie sie entwickelt wurde und schließlich bis zu unserer Zeit verborgen war. Teil 2 leitet die Kernaussage der Weisheit der Kabbala ein mit einigen Skizzen, die uns helfen, die Struktur der spirituellen Welten zu verstehen und nachzuvollziehen, wie sie sich auf unsere Welt bezieht. Teil 3 enthüllt kabbalistische Konzepte, die der Öffentlichkeit weitgehend unbekannt sind. Und Teil 4 zeigt uns, wie wir unser Leben besser und angenehmer für uns und unsere Kinder machen können.

Kabbalah revealed *(englisch, noch nicht auf deutsch erschienen)*
Das ist der leserfreundlichste Führer, um den Sinn der umgebenden Welt zu verstehen. Jedes der sechs Kapitel beschreibt einen unterschiedlichen Aspekt der Weisheit der Kabbala und erklärt uns die Lehre anhand von vielerlei Beispielen aus unserem Alltagsleben.

Die ersten drei Kapitel erklären, warum sich die Welt in einem Zustand der Krise befindet, wie unsere wachsenden Wünsche Fortschritte und Entfremdung hervorbringen und warum die größte Abwehr zur Erlangung einer positiven Änderung in unserer eigenen Seele wurzelt. Kapitel 4 bis 6 bietet ein Rezept für positive Veränderung. In diesen Kapiteln lernen wir, wie wir unsere Seele nutzen können, um uns ein persönlich friedvolles Leben in Harmonie mit der ganzen Schöpfung aufzubauen.

Wondrous Wisdom *(englisch, noch nicht auf deutsch erschienen)*
Dieses Buch bietet einen Anfängerkurs in der Kabbala. Wie alle Bücher, die hier präsentiert werden, basiert 'Wondrous Wisdom' ausschließlich auf der authentischen Lehre, über Tausende von Jahren vom kabbalistischen Lehrer zum Studenten überliefert. Herzstück des Buches ist eine Folge von Unterrichtseinheiten, die die Natur der Weisheit der Kabbala enthüllen und erklären, wie sie zu erlangen ist. Für jeden Menschen, der fragt „Wer bin ich wirklich?" und „Warum bin ich auf diesem Planeten?", ist dieses Buch ein Muss.

Awakening to Kabbalah *(englisch, noch nicht auf deutsch erschienen)*
Eine besondere, persönliche und beeindruckende Einführung in eine historische Weisheitstradition. In diesem Buch bietet Rav Laitman ein tieferes Verständnis der fundamentalen Lehre der Kabbala an; und wie man ihre Weisheit nutzen, die Beziehung zu anderen und der gesamten Umwelt klären kann.
Indem er die Sprache der Wissenschaft und der Poesie nutzt, untersucht er die tiefgründigsten Fragen der Spiritualität und Existenz. Dieser anregende, einzigartige Führer wird Sie inspirieren und beleben, um diese Welt so zu sehen, wie sie ist, und die Beschränkungen ihres täglichen Lebens zu verstehen, dem Schöpfer ähnlicher zu werden und neue Tiefen der Seele zu erreichen.

Quantum Kabbala *(Ullstein Allegria . ISBN 978-3-79342-105-4)*

Die Wissenschaft erklärt den Mechanismus, der das Leben aufrechterhält. Kabbala erklärt, warum Leben existiert. In Quantum Kabbala kombiniert Rav Laitman Wissenschaft und Spiritualität in einem fesselnden Dialog, der den Sinn des Lebens enthüllt.

Seit Tausenden von Jahren haben Kabbalisten geschrieben, dass die Welt eine einzige Einheit ist, geteilt in viele Wesen. Heute zeigt die innovative Wissenschaft der Quantenphysik eine sehr ähnliche Idee: dass wir auf der fundamentalsten stofflichen Stufe alle im wahrsten Sinne des Wortes eins sind.

Wissenschaftler beweisen, dass die Realität vom Beobachter beeinflusst ist, und genauso tut es die Kabbala. Aber die Kabbala macht sogar noch eine mutigere Aussage: Sogar der Schöpfer, der Erschaffer der Realität, ist innerhalb des Beobachters. Mit anderen Worten: Gott ist innerhalb von uns; Er existiert nirgendwo sonst.

Diese welterschütternden Konzepte und weitere sind wortgewandt eingeführt, so dass sogar Leser, die neu zur Kabbala oder Wissenschaft gekommen sind, sie leicht verstehen werden. Wenn Sie nur ein wenig neugierig darauf sind, warum Sie hier sind, welchen Sinn das Leben hat und was Sie tun können, es mehr zu genießen, dann ist dieses Buch richtig für Sie.

Vom Chaos zur Harmonie

(J.Kamphausen . ISBN 978-3-89901-419-8 . erscheint im September 2011)

Viele Forscher und Wissenschafter stimmen darin überein, dass das Ego der Grund für den gefährlichen Zustand unserer Welt heute ist. Laitmans bahnbrechendes Buch zeigt nicht nur, dass der Egoismus die Basis für alles Leiden durch die menschliche Geschichte hindurch ist, sondern es zeigt auch, wie wir unsere Notlage umdrehen können. Das Buch beinhaltet eine klare Analyse der menschlichen Seele und ihrer Probleme und bietet eine „Straßenkarte" für das, was wir tun müssen, um wieder glücklich zu sein. Vom Chaos zur Harmonie erklärt, wie wir zu einer neuen Stufe der Existenz aufsteigen – auf persönlicher, sozialer, nationaler und internationaler Ebene.

Fortgeschrittene Anfänger

The Kabbalah Experience *(englisch, noch nicht auf deutsch erschienen)*
Die Tiefe der Weisheit, die in den Fragen und Antworten in diesem Buch enthüllt wird, wird Leser zur Reflexion inspirieren. Dies ist kein Buch zum Durchrasen, sondern vielmehr eines, das aufmerksam und sorgfältig gelesen werden sollte. Mit diesem Ansatz werden Leser beginnen, mehr und mehr den Sinn von Erleuchtung zu erfahren, während die Antworten zu den Fragen, die jeder Kabbalastudent auf seinem Weg stellt, einfach „mitgenommen" werden.
Kabbala erfahren ist ein Führer von der Vergangenheit zur Zukunft – Situationen enthüllend, die alle Kabbalastudenten ab einem bestimmten Punkt ihrer Reise erfahren werden. Für jene, die jeden Moment in ihrem Leben wertschätzen, bietet dieses Buch beispiellose Einblicke in die zeitlose Weisheit der Kabbala.

The Path of Kabbalah *(englisch, noch nicht auf deutsch erschienen)*
Dieses einzigartige Buch kombiniert Material für Anfänger mit fortgeschritteneren Konzepten und Lehren. Wenn Sie ein Buch oder zwei von Laitman gelesen haben, werden sie dieses Buch sehr leicht verständlich finden.
'The Path of Kabbalah' geht tiefer und reicht über den Rahmen der Bücher für Anfänger hinaus. Die Struktur der Welten zum Beispiel wird hier in umfassenderem Detail erklärt als in „reinen" Anfängerbüchern. Auch werden die spirituelle Wurzel der weltlichen Angelegenheiten wie der hebräische Kalender und die Feiertage beschrieben.

Fortgeschrittene

The Science of Kabbalah *(englisch, noch nicht auf deutsch erschienen)*
Kabbalist und Wissenschaftler Rav Michael Laitman entwickelte dieses Buch, um die Leser in die spezielle Sprache und Terminologie der authentischen Weisheit der Kabbala einzuführen. Hier enthüllt Laitman die authentische Kabbala auf beide Arten: rational und zur vollen Reife gebracht. Leser werden schrittweise hingeführt, das logische Design des Universums und das Leben in ihm zu verstehen.

'The Science of Kabbalah', eine revolutionäre Arbeit, unübertroffen in ihrer Klarheit, Tiefe und an den Intellekt gerichtet, wird sie es Lesern ermöglichen, sich den mehr technischen Arbeiten von Baal HaSulam (Rabbi Yehuda Ashlag) anzunähern – wie in 'Das Studium der Zehn Sefirot' und das 'Buch Sohar'. Leser dieser Bücher werden die zufriedenstellenden Antworten auf die Rätsel des Lebens genießen, die nur die authentische Kabbala anbietet. Bereiten Sie sich auf eine überraschende Reise in die Höheren Welten vor.

Introduction to the Book Zohar *(englisch, noch nicht auf deutsch erschienen)*
Dieses Buch, zusammen mit 'The Science of Kabbalah', ist eine erforderliche Vorbereitung für jene, die die verborgene Botschaft des Sohar zu verstehen wünschen. Unter vielen hilfreichen Themen, die in diesem Text abgehandelt werden, befindet sich auch eine Einführung zur „Sprache der Wurzeln und Zweige", ohne welche die Geschichten des Sohar mehr Fabeln und Legenden gleichen. 'Introduction to the Book Zohar' beschafft den Lesern die notwendigen Instrumente, die authentische Kabbala zu verstehen, wie sie ursprünglich gemeint war – als ein Mittel, die Höheren Welten zu erlangen.

The Book of Zohar: Annotation to the Ashlag Commentary
(englisch, noch nicht auf deutsch erschienen)
Das 'Buch Sohar' (Buch des Glanzes) ist eine zeitlose Quelle und die Grundlage für die ganze kabbalistische Literatur. Seit seinem Erscheinen vor ungefähr 2.000 Jahren ist es die hauptsächliche und oft einzige Quelle gewesen, die von Kabbalisten verwendet wurde.

Seit Jahrhunderten war die Kabbala vor der Öffentlichkeit verborgen, welche noch nicht bereit war, sie zu empfangen. Jedoch ist unsere Generation von den Kabbalisten als erste Generation ernannt worden, die bereit ist, die Konzepte des Sohar zu verstehen. Nun können wir diese Prinzipien in die Praxis unseres Lebens umsetzen.

Geschrieben in einer einzigartigen und metaphorischen Sprache, bereichert der Sohar unser Verständnis der Wirklichkeit und erweitert unsere Weltsicht. Obwohl der Text von nur einem Gegenstand handelt – wie der Schöpfer zu enthüllen ist –, nähert es sich ihm von verschiedenen Blickwinkeln. Dies erlaubt jedem von uns, eine bestimmte Phrase oder ein Wort zu finden, die uns in die Tiefen dieser unergründlichen und zeitlosen Weisheit tragen werden.

Passend für Jeden

Leben aus der Kabbala (Ullstein Allegria . ISBN 978-3-54874-373-8))

Rabash pflegte zu sagen: „Ich möchte dir beibringen, dich zum Schöpfer zu wenden, viel mehr als zu mir, weil Er die einzige Kraft ist, die einzige Quelle von allem, das existiert; der einzige, der dir wirklich helfen kann, und Er erwartet dein Gebet nach Hilfe. Wenn du Hilfe suchst in deiner Suche nach Freiheit von der Gefangenschaft dieser Welt; Hilfe, dich über diese Welt zu erheben; Hilfe im Finden deines Selbst; Hilfe bei der Bestimmung des Zwecks im Leben, musst du dich zum Schöpfer wenden, der dir all diese Bestrebungen schickt, um dich zu zwingen, dich an Ihn zu wenden."

'Leben aus der Kabbala' enthält viele inspirierende Texte. Dieses Buch erreicht all jene Suchenden, die einen logischen, verlässlichen Weg finden wollen, die Phänomene der Welt zu verstehen. Diese faszinierende Einführung in die Weisheit der Kabbala wird die Gedanken erhellen, das Herz beleben und den Leser hin zu den Tiefen ihrer Seele treiben.

Das Licht der Kabbala (Ullstein Allegria . ISBN 978-3-54874-374-5))

Dies ist ein Buch, das Lesern hilft, sich an die Konzepte der Kabbala, an die spirituellen Objekte und spirituellen Bezeichnungen heranzutasten. Durch Lesen und erneutes Lesen dieses Buches entwickelt man innerliche Beobachtungen, Sinne und Methoden, die vorher nicht existierten. Diese neu erworbenen Beobachtungen sind wie Sensoren, die den Raum rund um uns „fühlen", der vor unseren gewöhnlichen Sinnen verborgen ist.

'Das Licht der Kabbala' unterstützt den Leser bei der Betrachtung von spirituellen Begriffen. Einst waren wir mit diesen Begriffen verbunden (in diese Begriffe integriert); wir können beginnen, mit unserer inneren Vision zu sehen – die Enthüllung der spirituellen Struktur, die uns umgibt, beinahe so, als ob ein Schleier beseitigt worden ist.

Nochmal, dieses Buch beabsichtigt nicht, Tatsachen zu studieren. Stattdessen ist es ein Buch für jene, die wünschen, die tiefste und feinste Empfindung, die sie besitzen, zu erwecken.

Für immer zusammen *(Kabbalah Publishers . ISBN 978-1-897448-32)*
Oberflächlich ist 'Für immer zusammen' eine Kindergeschichte. Aber wie alle guten Kindergeschichten transzendiert sie die Grenzen des Alters, der Kultur und der Erziehung.

In 'Für immer zusammen' erzählt uns der Autor, dass, wenn wir geduldig sind und die Prüfungen, denen wir auf unserem Lebensweg begegnen, ertragen, wir stärker, tapferer und weiser werden. Anstatt kraftloser zu werden, werden wir lernen, unseren eigenen Zauber und unsere Wunder zu erschaffen, wie es nur ein Zauberer kann.

In dieser warmen, mitfühlenden Geschichte teilt Michael Laitman mit Kindern und Eltern einige der Juwelen (Kostbarkeiten) und Zauber der spirituellen Welt. Die Weisheit der Kabbala ist voll von faszinierenden Geschichten. Der Zauberer ist noch ein anderes Geschenk aus dieser ewigen Quelle der Weisheit, dessen Unterricht unser Leben reicher, leichter und erfüllter macht.

Textbücher

Shamati *(englisch, noch nicht auf deutsch erschienen)*
Rav Michael Laitmans Worte zu dem Buch: „Unter allen Texten und Notizen, die von meinem Lehrer, Rav Baruch Shalom Ashlag (Rabash), verwendet werden, gab es ein spezielles Notizbuch, das er immer bei sich trug. Dieses Notizbuch beinhaltet die Transkription seiner Gespräche mit seinem Vater, Rav Yehuda Leib Ashlag (Baal HaSulam) – Autor des Sulam (Leiter) Kommentars zum Buch Sohar, von Das Studium der Zehn Sefirot (ein Kommentar der Texte des Kabbalisten Ari) und von vielen anderen Werken der Kabbala.

Der Rabash, der sich am jüdischen Neujahrsabend im September 1991 nicht wohlfühlte, rief mich an sein Bett und übergab mir ein Notizbuch, auf dessen Einband nur ein Wort stand: „Shamati" (ich hörte). Als er das Notizbuch übergab, sagte er: „Nimm es und lerne davon." Am folgenden Morgen starb mein Lehrer in meinen Armen und ließ mich und viele seiner anderen Studenten ohne Führung in dieser Welt zurück.

Dem Erbe Rabashs verpflichtet, die Weisheit der Kabbala zu verbreiten, veröffentliche ich das Notizbuch geradeso, wie es geschrieben war, die transformierende Kraft des Textes beibehaltend. Unter allen Kabbalabüchern ist 'Shamati' einzigartig und eine überwältigende Schöpfung.

Lehrbuch der Kabbala *(J.Kamphausen . ISBN 978-3-89901-418-1)*

Das 'Lehrbuch der Kabbala' bietet authentische Texte von Rav Yehuda Ashlag, Autor des Sulam (Leiter) Kommentars zum Buch Sohar, seines Sohnes und Nachfolgers Rav Baruch Ashlag sowie von anderen großen Kabbalisten. Es bietet auch Illustrationen, die die Evolution der Höheren Welten, wie Kabbalisten sie erfahren, exakt darstellen. Das Buch beinhaltet zudem verschiedene erklärende Essays, die uns helfen, die Texte darin zu verstehen.

Im 'Lehrbuch der Kabbala' stellte Rav Michael Laitman, PhD – Rav Baruch Ashlags persönlicher Assistent und erster Schüler – all die Texte zusammen, die ein Kabbalastudent benötigt, um die spirituellen Welten zu erlangen. In seinem täglichen Unterricht stützt er seine Lehre auf diese inspirierenden Texte, die Anfängern und Fortgeschrittenen gleichermaßen auf dem spirituellen Weg helfen.

■ Über Bnei Baruch

Bnei Baruch ist die größte Gruppe von Kabbalisten in Israel, die die Weisheit der Kabbala mit den Menschen der ganzen Welt teilt. Das Studienmaterial, welches 30 Sprachen umfasst, beruht auf authentischen Texten, die von Generation zu Generation überliefert wurden.

Geschichte und Urprung

Rav Michael Laitman, Professor der Ontologie und Erkenntnistheorie, Doktor der Philosophie und Kabbala, sowie Master of Science in medizinischer Biokybernetik, gründete Bnei Baruch im Jahre 1991, nach dem Tode seines Lehrers Rav Baruch Shalom.

HaLevi Ashlag (der Rabash). Rav Laitman nannte seine Gruppe „Bnei Baruch" (die Söhne Baruchs) zum Gedenken an seinen Mentor, von dessen Seite er in den letzten Jahren seines Lebens, von 1979 bis 1991, nie wich. Rav Laitman war Ashlags wichtigster Schüler und persönlicher Assistent und wird als Nachfolger der Lehrmethode des Rabash anerkannt.

Der Rabash ist der erstgeborene Sohn und Nachfolger des größten Kabbalisten des 20.Jahrhunderts, Rabbi Yehuda Leib HaLevi Ashlag. Rabbi Yehuda Ashlag ist der Autor des maßgeblichsten und umfangreichsten Kommentars zum Buch Sohar, dem Sulam (Leiter) Kommentar, der ersten Enthüllung der vollständigen Methode für den spirituellen Aufstieg. Das ist auch der Grund für Ashlags Beinamen „Baal HaSulam" (Herr der Leiter).

Bnei Baruch baut seine ganze Lehrmethode auf den Erkenntnissen dieser großen spirituellen Führer auf.

Die Lehrmethode

Diese einzigartige von Baal HaSulam und seinem Sohn Rabash entwickelte Methode wird täglich von Bnei Baruch gelehrt und angewandt. Sie bezieht sich auf authentische Kabbalaquellen wie zum Beispiel Das Buch Sohar (von Rabbi Shimon Bar-Yochai), die Schriften des ARI, Talmud Esser Sefirot (Das Studium der Zehn Sefirot) und auf andere Bücher von Baal HaSulam.

Obwohl es sich um authentische Quellen handelt, sind sie in einer einfachen Sprache verfasst und bieten einen wissenschaftlichen und zeitgenössischen Ansatz. Dadurch wurde Bnei Baruch zu einer international anerkannten Organisation für Kabbalaunterricht. Bnei Baruch ist in ganz Israel höchst geachtet.

Die einzigartige Kombination einer akademischen Lehrmethode mit persönlichen Erfahrungen erweitert die Perspektive der Schüler und erlaubt ihnen eine neue Wahrnehmung der Realität, in der sie leben. Der Unterricht rüstet die Studenten auf ihrem spirituellen Weg mit emotionalen Werkzeugen aus, die sie dazu befähigen, sich selbst und ihre umgebende Wirklichkeit zu erforschen.

Die Botschaft

Bnei Baruch ist eine facettenreiche Bewegung mit vielen Tausend Studenten weltweit. Jeder Student wählt seinen eigenen Weg, entsprechend seinen persönlichen Gegebenheiten und Fähigkeiten. In den letzten Jahren entwickelte sich die Gruppe zu einer Bewegung, die sich vermehrt mit freiwilligen Unterrichtsprojekten beschäftigt, indem sie die ursprünglichen Kabbalaquellen in einer zeitgemäßen Sprache präsentiert. Die Essenz der Botschaft, die von Bnei Baruch verbreitet wird, ist folgende: Verbindung unter den Menschen, Verbindung der Völker und Liebe zwischen den Menschen.

Jahrtausende lang lehrten Kabbalisten, dass die Liebe zwischen den Menschen die Basis eines Volkes ist. Diese Liebe herrschte zur Zeit Abrahams, Moses und in den kabbalistischen Gruppen, die jene gründeten, vor. Die Liebe war der Treibstoff, der das Volk Israel zu erstaunlichen Leistungen führte. In den Zeiten jedoch, als sich die Liebe in unbegründeten Hass verwandelte, verfiel die Nation in schwere Qualen. Wenn wir diesen alten – und doch neuen – Werten Raum geben, werden wir entdecken, dass wir die Kraft haben, unsere Differenzen beizulegen und uns zu vereinigen.

Die lange Zeit verborgene Weisheit der Kabbala tritt nun hervor. Sie wartete auf den Zeitpunkt, an dem wir ausreichend reif und bereit dafür sind, ihre Botschaft zu realisieren. Daher erscheint sie heute in Form einer Lösung, die Interessensgruppen innerhalb eines Volkes und zwischen den Völkern vereint, und uns alle, ob Individuen oder Gesellschaft, zu einer viel besseren Situation verhilft.

Bnei Baruch Aktivitäten

Bnei Baruch wurde unter der Voraussetzung gegründet, dass „wir nur durch die Verbreitung der Kabbala in der Öffentlichkeit vollständige Erlösung erlangen werden" (Baal HaSulam).

Daher bietet Bnei Baruch den Menschen verschiedene Hilfsmittel an, damit sie die Bedeutung ihres Lebens erforschen und entdecken – mit einer sorgsamen Anleitung für Anfänger und Fortgeschrittene.

www.kabbalalernzentrum.info

Als Antwort auf die große Nachfrage von englischsprachigen Studenten, nutzte Bnei Baruch seine große Erfahrung im Fernunterricht und Internet TV und gründete das „Online Kabbala Lernzentrum". Im ersten Jahr seiner Tätigkeit hat das Online Bildungs-Zentrum mehr als 3000 Studenten mit bedeutungsvoller und umfassender Erfahrung in der Weisheit der Kabbala versorgt. Seit 2007 werden auch für deutschsprachige Studenten Online Kurse angeboten, welche bei den Studenten ein großes Echo finden. Im Rahmen des Kurses können die Studenten live Fragen zum Unterricht stellen, die vom Lektor unmittelbar beantwortet werden. Ein Forum für Fragen und Antworten sowie für Diskussionen steht ebenfalls zur Verfügung. Die interaktiven Ausbildungskurse für Anfänger und mäßig fortgeschrittene Studenten bereiten den ernsthaften Studenten auf die Fortgeschrittenen-Lehren bei Bnei Baruch vor. Alle Kurse und Materialien werden online kostenfrei zur Verfügung gestellt. Der Erfolg des Online Bildungs-Zentrums ist daran erkennbar, dass 70% der Studenten, die die Einführungskurse absolviert haben, ihre Studien fortsetzen. Zusätzlich zum Online Lehr-Angebot, bietet das Kabbala-Lernzentrum auch eine umfassende Bibliothek von Artikeln und Lehrvideos an.

Kabbala Zeitung

Die Kabbala Zeitung, Kabbalah Laam (Kabbala für Menschen), wird wöchentlich von Bnei Baruch aufgelegt und verbreitet. Sie ist unpolitisch, nicht kommerziell und in einem klaren zeitgenössischen Stil verfasst. Ihr Ziel ist die kostenlose und deutliche Darlegung der großen Erkenntnis, welche sich in der Weisheit der Kabbala verbirgt. Die Zeitung wird in Israel gratis verteilt.

Die Anfängerseite auf Deutsch, www.kabbalah.info, präsentiert die Weisheit der Kabbala in Form von Artikeln. Das Material dieser Seite wurde sorgfältig ausgewählt und in acht Kategorien eingeteilt, welche sich zu einem klaren verständlichen Gesamten zusammenfügen. Dies kommt dem Seitenbesucher bei seinem ersten Kontakt mit der Weisheit der Kabbala zu gute. Auf dieser Internetseite gibt es weiters Bücher zum freien Download und eine Aufstellung der abgehaltenen Kurse.

Auf der Seite für Fortgeschrittene finden sich Essays, Bücher und Originaltexte. Sie beinhaltet eine einzigartige und umfangreiche Bibliothek zur Erforschung der Weisheit, genauso wie das Medienarchiv www.kabbalahmedia.info mit mehr als 6000 Lektionen, Bücher zum herunterladen und einen Fundus von Texten, Videos und Audiomaterial in vielen Sprachen. Der Download ist kostenlos.

Kabbala Fernsehen

Bnei Baruch gründete die Produktionsfirma ARI Films (www.arifilms.tv), die sich weltweit auf die Herstellung von Unterrichtprogrammen in vielen Sprachen spezialisiert hat.

In Israel sendet Bnei Baruch über einen eigenen Fernsehsender täglich 24 Stunden, 7 Tage in der Woche auf Kanal 66 (Kabel). Alle Sendungen auf diesen Kanälen sind kostenfrei und auf Anfänger ausgerichtet, die keinerlei Vorkenntnisse benötigen. Dieser bequeme Lehrvorgang wird mit Diskussionsrunden von Rav Laitman und bekannten Persönlichkeiten in Israel und auf der ganzen Welt ergänzt.

Zusätzlich verlegt Bnei Baruch Kurse, Dokumentationen und anderes TV-Material auf DVDs.

Kabbala Vorträge

Bnei Baruch eröffnete kürzlich ein neues Studiencenter in Israel mit dem Namen Beit Kabbalah Laam (Haus der Kabbala für Menschen). Das Gebäude besteht aus zwei Sälen: einem großen Saal für öffentliche Vorträge und einem kleinen für Kabbala Unterricht in Kleingruppen.

Lektionen und Vorträge gibt es am Morgen und Abend; sie befassen sich mit verschiedenen Themen, die die authentische Kabbala sowohl Anfängern als auch Fortgeschrittenen zugänglich machen.

Kabbala Bücher

Rav Laitman verfasst seine Bücher, die auf den Schlüsselkonzepten Baal HaSulams basieren, in einer klaren und modernen Sprache. Heute dienen diese Bücher als Bindeglied zwischen den Lesern und dem Originaltext. Es gibt zwei Arten: Kabbala und die Weisheit des Lebens und Kabbala in der Praxis. Alle Bücher Laitmans stehen frei zum herunterladen zur Verfügung oder können bei www.kabbalahbooks.info gekauft werden.

Kabbala Lektionen

Wie alle Kabbalisten der vergangenen Jahrhunderte vor ihm und als Kernstück der Bnei Baruch Aktivitäten, hält Rav Laitman täglich im Bnei Baruch Zentrum in Israel zwischen 2:00 und 5:00 (MEZ) Unterricht ab. Die Lektionen werden simultan in sieben Sprachen übersetzt: Deutsch, Englisch, Russisch, Spanisch,

Italienisch, Französisch und Türkisch. In naher Zukunft werden die Unterrichte auch in Griechisch, Polnisch, und Portugiesisch übertragen werden. Wie alle Aktivitäten von Bnei Baruch, stehen auch diese Unterrichte tausenden Studenten weltweit kostenlos zur Verfügung und können während der Unterrichtszeit live auf www.kab.tv mitverfolgt werden.

Finanzierung

Bnei Baruch ist eine nicht gewinnorientierte Organisation für die Lehre und die Verbreitung der Weisheit der Kabbala. Um ihre Unabhängigkeit und integren Beweggründe zu bewahren, werden Bnei Baruch von keiner Regierung oder politischen Partei finanziert oder anderwärtig unterstützt. Da der Großteil der Aktivitäten kostenlos zur Verfügung gestellt wird, ist die Hauptquelle der Finanzierung der „zehnte Teil" des Nettoeinkommens, der von Studierenden auf freiwilliger Basis gegeben wird.

Im *Lehrbuch der Kabbala* geben die größten zeitgenössischen Kabbalisten aufschlussreiche Antworten auf die elementarsten Fragen des Lebens. Ihre Interpretationen zum *Buch des Sohar* und dem *Baum des Lebens* zeigen, wie wir im täglichen Leben von der Weisheit der Kabbala profitieren können. Abbildungen, welche die Entwicklung der Höheren Welten darstellen, sowie weitere hilfreiche Essays bereichern unser Verständnis.

Rav Baruch Ashlags persönlicher Assistent und hauptsächlicher Schüler, Rav Michael Laitman, kompilierte alle Texte, die ein Kabbala Student braucht, um die spirituellen Welten zu erreichen.

Michael Laitman (Hrsg.)
Lehrbuch der Kabbala
ca. 900 Seiten, Hardcover

€ 48,95 (D)

ISBN 978-3-89901-418-1

J.Kamphausen . Edition Laitman Kabbala

Michael Laitman
Vom Chaos
zur Harmonie

Edition Laitman Kabbala

Erscheinungstermin
15. September 2011

**Vom Chaos zur Harmonie: Die Lösung der globalen Krise
gemäß der Weisheit der Kabbala** enthüllt die Faktoren, die zu
dem gefährlichen Zustand beitragen, in dem wir heute unsere
Welt auffinden. Viele Forscher und Wissenschaftler stimmen
damit überein, dass die Ursache für die Probleme der Menschheit das menschliche Ego ist. Laitmans grundlegend neues Buch
demonstriert jedoch nicht nur, dass das Ego die Grundlage für
alles Leid in der gesamten Menschheitsgeschichte war, sondern
enthüllt auch, warum wir wegen unseres Egos dem Leid unter-
liegen, und wie wir unsere Lage in Genuss und unsere Probleme
in Chancen verwandeln können.

Michael Laitman
Vom Chaos zur Harmonie
Die Lösung der globalen Krise gemäß der Weisheit der Kabbala
ca. 208 Seiten, Broschur

€ 14,95 (D)

ISBN 978-3-89901-419-8

J.Kamphausen . Edition Laitman Kabbala